2021年度杭州市哲学社会科学重点研究基地"现代职业教育研究中心"基地课题"基于高职'研究所'的拔尖人才培养模式研究——以应用电子技术专业为例"（项目主持人：潘晓虹）

教育管理学基本理论体系研究

潘晓虹　著

全国百佳图书出版单位 吉林出版集团股份有限公司

图书在版编目（CIP）数据

教育管理学基本理论体系研究／潘晓虹著. -- 长春：
吉林出版集团股份有限公司，2023.6
ISBN 978-7-5731-3700-5

Ⅰ.①教… Ⅱ.①潘… Ⅲ.①教育管理学-理论研究
Ⅳ.①G40-058

中国国家版本馆 CIP 数据核字（2023）第 115308 号

JIAOYU GUANLIXUE JIBEN LILUN TIXI YANJIU

教育管理学基本理论体系研究

著：潘晓虹
责任编辑：朱　玲
封面设计：冯冯翼
开　　本：720mm×1000mm　1/16
字　　数：220 千字
印　　张：11. 75
版　　次：2023 年 6 月第 1 版
印　　次：2023 年 6 月第 1 次印刷

出　　版：吉林出版集团股份有限公司
发　　行：吉林出版集团外语教育有限公司
地　　址：长春市福祉大路 5788 号龙腾国际大厦 B 座 7 层
电　　话：总编办：0431-81629929
印　　刷：三河市金兆印刷装订有限公司

ISBN 978-7-5731-3700-5　　定　　价：70. 00 元

前　言

教育管理的概念古已有之，早在《学记》一书中，就有关于入学、考核等方面的一些基本规定。从理论上来讲，它是一种与人的教育活动相伴而生的具有高度专业性的人类管理行为。在人类社会从采集时代到农业时代、工业时代，再到如今的信息时代的发展过程中，人类教育也经历了由原始的全面自在教育到自在、自为教育再到全面自为教育这样一个渐进的发展过程。在教育实践活动中，一定会有与之相关联的管理行为，尽管很难对教育管理活动的出现做出准确的时间定位，但是它与人类教育实践活动的发生和发展是一致的，这是毋庸置疑的。

直到20世纪五六十年代，教育管理才真正成为一个单独的学科。现代教育管理学的产生，归因于教育事业的蓬勃发展对教育管理理论的要求在不断提高，归因于有关学科的发展为教育管理学的出现创造了条件。尤其是最近几年，随着现代企业管理理论和行政管理理论的进步，它们对教育管理学的形成、发展、成熟起到了积极的推动作用。

要使这一学科得到不断的发展，并向科学的方向发展，就必须加大对这一学科的探索与研究。此外，政治经济体制改革的深入，也给教育管理提出了新问题，这就要求用新的理论来回答这些问题。在教学实践中，我们要从新的角度对教学实践进行全面的总结。因此，我们有必要对这门学科进行进一步的探讨与研究，以满足当前教育行政工作的需要。

各种不同的思想或理论体系的提出，以及它们的共存、相互融合与互补，都是推动教育管理理论不断进步与发展的重要因素。同时，教育管理也是一个应用领域。它的研究成果对教育管理工作有指导价值。很明显，这就要求教育管理学不仅应告诉人们怎样做，而且还应告诉人们为什么这样做。要在理论上探究问题的前因后果，就必须把教育管理的理念讲清楚，把它展现出来，探讨教育管理的原理、原则和方法，并使其形成有机整体，而不能只把注意力集中到或者只限于对教育管理中的某个具体问题进行阐述，更不能只对现象进行描述得出一个简单化的结论。

本书是一本探讨教育管理学基本理论体系的理论著作。简要分析了教育管理学的基本原理、教育管理的原理、历史演进与发展、教育体制与机制管理、教育经营管理、教育领导者及师生管理；深入探讨了职业教育管理学、高等教育管理学、文化教育管理学、艺术教育管理学等方面的内容，最后探索了教育管理的信息化与规范化。

需要说明的是，教育管理学基本理论并不止于本书的内容，尤其是其中的某些管理的技巧与方法，还需要人们结合自身实际，灵活运用，唯有如此，才能百尺竿头更进一步！

在写作过程中，作者广泛参考、吸收了国内外众多学者的研究成果和实际工作者的经验，在此，对本书所借鉴的参考文献的作者、对写作过程中提供帮助的单位和个人致以衷心的感谢！在写作本书时，深感自身所存在的不足，对于书中存在的错误与疏漏，希望广大读者予以谅解，并提出自己的宝贵意见，以便修改完善。

目　录

第一章 教育管理学概述

教育管理学是一门人文社会科学，它所关注的是教育管理现象。在诸多因素中，教育管理学的研究目标是教育管理现象，它的学科属性是社会科学，学科任务是寻找改善教育管理的途径，而研究方法是它认识和了解教育管理现象、寻求改善的依据。教育管理学学者要承担起学术研究的社会与历史责任。

第一节 教育管理学的产生与发展

一、教育管理学的产生

教育管理学是伴随着19世纪末教育事业兴起而出现的一门学科。19世纪后期，随着世界经济的发展，世界上各大工业国开始意识到教育的重要性，也认识到通过提高工人的文化水平来增加剩余价值的重要性。同时，这也是工业革命对于劳动者的新需要，那就是新劳动者必须具备最基本的识字、算数和写作的能力，接受过基础教育。在这一时期，大力发展公立学校，推行义务教育，成为一种社会潮流。于是，学校的数量不断增多，规模不断扩大，教育内容越来越丰富，教育方法更多样化，教育管理事务日趋繁杂，公立学校的教育质量问题成了社会关心的热点。这就需要建立相应的教育管理组织和教育制度，需要研究国家如何管理教育和学校的管理问题。一些国家开始运用政权干预学校的教育事业，使得教育管理成为一项重要的行政工作。教育行政官员和学校的领导人经常总结自己的经验，他们向新任的官员、校长以及师生介绍自己的经验，作为他们行政工作和管理工作的参考，于是教育管理学应运而生。可以说教育管理学是在教育管理实践的基础上产生的。教育管理学的建立和发展是沿着两个研究方向进行的。

（一）从行政学、法学方面研究教育行政和学校管理

公立学校建立以后，就产生了国家如何管理教育事业的问题。对教育行政问题的专门研究，产生了教育行政学。目前，教育行政学是何时产生的，国内外学者有不同的看法。一种说法认为，教育行政学产生于19世纪后半期，以德国的施泰因（Stein）为代表。他的《管理学》一书于1884年发表，阐述了国家对国民教育的干预原则、内容、依据及边界。施泰因认为这是教育行政学所需要做的工作，他被誉为现代教育管理的奠基人，也是现代行政学之父。还有一种观点是，20世纪早期，美国达顿、斯奈德等人共同撰写了《美国教育行政》一书，这本书在1908年出版，被认为是第一本教育管理领域的著作，它阐述了教育管理应顺应社会发展需求。要想取得良好的教学成效，就需要高效率的教学，要合理利用人力、物力、财力，充分发挥专业人才的作用，把教学管理做到规范化、程序化、系列化。

这两种观点都表明，教育行政学产生于不同的时代和国家。这两种理论大相径庭。德国教育行政学是以政府为主导，对教育进行管理和控制，国家对于教育有足够的控制权。教育行政被看作是以教育政策与法规为基础，并依法设立机关，按照法令规定实现教育政策的一种表现。教育行政学应研究公共教育制度的建立，用法律约束教育行政活动，以防止任意行使权利的现象。美国的教育行政学主张限制国家权力对教育的干预，强调管理技术和教育管理效果，强调"非权力性管理"，被称为是"职能主义的教育行政论"。德国的教育行政学和美国的教育行政学，对各国都有较大的影响。

从行政和法律的角度来研究教育管理是一项十分必要的工作。近年来，许多国家对此进行了深入研究。研究如何制定和实施教育法律、法规、政策，如何处理教育中的违法问题，如何发挥各级行政机构的作用等。

（二）从经营管理方面去研究教育行政和学校管理的问题

20世纪出现的企业管理理论不仅为有效地管理企业、提高企业的效益提供了理论依据，而且对教育管理学的发展影响非常大。很多学者已经开始从一般管理学的角度来对教育管理问题进行分析和探讨，并提出了一些看法。1910年到1935年是科学管理形成的时期，而在20世纪30年代到50年代，人们重新开始运用行为科学来探讨教育管理，并在福莱特的带领下，产生了"关系与教育领导力"这一新的流派。世界各国都十分重视教育民主，并在此基础上，对教师参与管理进行了探讨。同时深入研究关于人的本性问题，提出各种领导行为方式。这对教育管理研究，以及教育行政和学校管理活动都产生了不

同程度的影响。

从运作的观点来看教育管理学更多关注于微观层面。研究人员将一所学校，一种教育体系视为一种运作单元。研究的主要内容是如何将学校中的各种设施的作用最大限度地发挥出来，如何将各方面人员的积极性调动起来，使其可以相互协调配合，从而开展有效的教育活动，这样做的目的是为了提高行政工作和管理工作的合理性和科学化。因为这种研究牵涉到了教育的所有活动，所以可以让各种教学计划同时进行，从而使教学活动更加活跃。从现有资料来看，早期教育管理方面的著作大多是在 19 世纪末至 20 世纪初问世的，因此，不妨以此作为教育管理学的初创时期。

教育管理学的研究基本上是沿着两个研究方向展开的，一个是从行政学、法学的方面进行研究，一个是从经营管理方面研究教育行政和学校管理。一般来说，实行中央集权的国家比较注重行政学和法学方面的研究，而像美国这类实行地方分权制的国家则更注重于学校的经营方面。尽管如此，各个国家都不能从单一方面去研究教育管理问题。①

二、教育管理学的发展趋势

（一）教育管理研究理论基础的发展趋势

如果说在早期，教育管理学受到了德国行政学与美国管理学两大学派的影响，那么到了现代它又呈现出两大学派相互交融、相互渗透的发展态势。美国管理学的发展首先受到了泰勒所提出的古典管理学的影响，然后又受到了人际关系理论、行为科学理论等现代管理学的影响，但是现代美国教育管理除了这三大理论之外，还有很多现代管理学的理论，比如社会制度理论、决策理论等，这些理论使得现代教育管理学的发展呈现出多元化的局面。

（二）教育管理研究内容的发展趋势

如果说，在教育管理学诞生之初，它重点在于对教育管理的实践经验进行总结，并运用一般管理理论来对教育管理问题进行研究，那么现代教育管理学就将重点放在了对教育管理进行全面的多元化研究方面。主要体现在：一是重视对教育管理的史学研究，通过对其发展历程进行考察找出方法论的共性和差异；二是对教育管理学的理论重视，一些学者从哲学角度对其进行了论述；三是重视研究科研和教育政策之间的联系和影响，探索其相互影响的方式；四是

---

① 周强，汪滨琳. 教育管理学教程 [M]. 哈尔滨：哈尔滨工程大学出版社，2003：7.

重视对教育政策的研究，探索其价值取向，并在此基础上对发达国家与发展中国家进行对比；五是重视对学校效能的研究，主要包括校本管理与校长管理研究，对学校效能的发展模式、影响因素、校本管理与外部控制管理的差异、校本管理的领导方式等进行深入探索；六是对后现代主义、女权主义和建构主义在学校管理中的作用进行深入研究。

（三）教育管理研究思潮、教育管理研究方法及手段的发展趋势

从趋势上来看，美国的教育管理研究在最初主要是关注泰勒的科学管理，它表现出了一种理性或者科学主义倾向。后来，随着人际关系和行为科学的兴起，它将注意力集中在研究人的问题上，通过这些理论解决问题，表现出一种人文或者反理性的倾向。从方法来看，在教育管理学的产生初期（19世纪末），信奉思辨哲学，注重用演绎的方法研究教育管理问题。在教育管理学产生以后的一段时间（20世纪初）受孔德（Comte）和斯宾塞（Spencer）科学观的影响，教育管理研究又颇看重归纳的方法。

随着现代科技的进步，教育管理学的研究手段也在不断进步。信息通信技术的出现改变了教育管理研究的空间和时间，科研人员可以在有限的时间和空间内进行更高效率和水平的科研工作。"人—机"体系的产生不但会改变教育管理研究对象，还会影响教育管理研究本身。

（四）教育管理研究理论层次的发展趋势

从横向来说，教育管理的理论将由只注重规范理论向注重科学理论（陈述理论）和价值理论发展。最初教育管理理论多是规范理论，即教育管理应该如何做的理论。为使这种规范理论更科学、更具有说服力，人们会在注重教育管理的科学理论和价值理论的基础上来探讨教育管理的规范理论。从纵向来说，教育管理理论将由只注重现象学的层次，向注重元学及方法学的层次发展。最初的教育管理学，多是对教育管理现象进行研究所得出的学问，近年来，出现了不少对教育管理对象理论即教育管理现象学进行研究的论著，也有学者从方法论的角度对教育管理现象学及元学进行探讨，形成了教育管理元学的雏形。我们相信，随着教育管理研究的深入，教育管理理论的层次将会同时在现象学、元学及方法学三个层次上扩大和加深，形成一个相对独立的具有一定理论色彩的全新的教育管理学的学科体系。[①]

---

① 孙锦涛. 教育管理原理 [M]. 广州：广东高等教育出版社，2005：30.

第二节　教育管理学的性质与特点

一、教育管理学的性质

了解一门学科的学科性质是深入理解这门学科的理论和方法的重要基础。准确理解教育管理学的学科性质，就必须明确以下三点：

首先，教育管理学是一门以社会教育管理活动为研究对象的社会学科。

教育是人类社会的一种重要实践活动。它存在于一定的社会环境之中。教育有两大基本规律，一是与社会发展相适应，二是与人的发展相适应。与社会发展相适应，就说明社会的生产力、生产关系、经济基础和上层建筑等各种因素都对教育产生影响；与人的发展相适应，说明人的发展规律也制约教育活动的开展和教育事业的发展。教育受到人的因素的制约在很大程度上也是受到社会影响制约的一种反映。因此，归根到底，社会是人的社会，人是社会的人。可见，教育管理作为教育活动的保障措施，必须遵循教育规律。这就说明，教育是一种社会现象，教育管理同样是一种社会现象。以人类的社会实践活动为研究对象的学科，都可以看成是社会学科。过去，人们常常把是否利用自然科学的研究方法作为区分自然科学和社会科学的标准，我们认为这是不科学的。因为方法是一种工具，只要在研究对象上可用，任何学科都是可以运用的。例如，数学分析是一种重要的数量分析工具，我们并不能够把广泛使用数学分析工具的经济学、社会学当作是自然科学。同样，教育学、管理学甚至是历史学等都可以运用定量分析的方法来进行，我们也不能因此就把它归纳为自然科学的范畴。所以，把教育管理学定位于社会科学是恰当的。

其次，教育管理学是教育科学和管理科学交叉的产物，它既是教育科学的一个分支，也是管理科学的一个分支。

教育科学是一个庞大的学科群。它包括教育基本理论，如教育概论、教学论、德育论，也包括学科教育学、语言教育学、数学教育学、外语教育学等，又包括类型教育学、如普通教育学、职业教育学、成人教育学、高等教育学等，还包括教育史，此外还包括大量的教育边缘学科，如教育经济学、教育社会学、教育法学、教育人类学、教育生态学、教育技术学、教育哲学、教育评价学、教育财政学、教育统计学、教育测量学等，教育管理学是这些新兴边缘教育科学分支学科丛林中的一支。因此，可以说教育管理学是教育科学的一个分支学科。

与此同时，教育管理学还是管理科学的一个分支学科。教育管理作为公共事业管理的一个专门学科，理所当然是公共管理学的一个重要分支。因为，在当代社会管理中，教育事业管理是政府公共事业管理不可缺少的组成部分。

最后，教育管理学是具有自己明显特点的一个学科，在研究方法上是一个既重视定量分析又重视定性分析、既重视事实研究也重视价值研究的学科。

教育管理系统是一个特殊的人—人系统。它的特殊是因为它的生产对象和产品是活生生的人。这使得教育受到教育规律和管理规律的双重约束。为了全面深刻地理解教育对象和教育过程，科学的教育管理学应该是既重视定量分析又重视定性分析，并且把事实研究和价值研究有机结合起来，把科学精神和人文精神结合起来。只有明确地认识了教育管理对象，深刻地理解了教育管理对象，教育管理才能富有成效。只有揭示出教育管理的特点，教育管理学才能成为真正的科学。[1]

二、教育管理学的特点

（一）社会性

教育管理学的社会性一方面是其所研究的一些基本理论不能离开对社会环境的认识；另一方面是要把教育的社会效益作为评价和考察教育管理工作绩效的主要标准。

教育管理学的社会性是教育管理同社会发展本质联系的反映。教育管理系统处于复杂的社会环境之中，教育管理学所研究的是一定社会环境下的教育管理，社会中的各种因素都会对教育管理产生影响，在社会环境中对教育管理影响最大的因素是生产力、政治经济制度、历史文化传统等。

首先，一个国家的生产力的发展水平决定教育发展的规模、速度、类型、结构及质量规格等。

其次，一个国家的政治经济制度决定教育方针、政策的制定，制约着领导体制的类型、权力的分配及相互关系，还制约着教职工思想政治工作的管理内容等。

再次，一个国家历史文化传统、道德观念、价值标准和生活方式等影响着教育管理人员的精神面貌、思维方式和对各种事物的态度。

此外，因整个民族的文化素质、教师队伍的状况、学生原有基础、人口变

---

① 李汪洋，秦元芳，等. 教育管理学 ［M］. 海口：南海出版公司，2004：11.

化率等因素在长期的社会实践中形成了比较固定的关系，它们以观念的形态或制度的方式影响着教育管理。因此，教育管理学在研究教育管理的有关问题时，比如教育管理思想、观念的形成，教育管理原理、原则的提出，教育管理方式、方法的选择，教育管理制度、机构的建立，教育管理规则、措施的采用等，都必须考虑上述因素的影响，要与它们相适应，尤其是要与社会的生产力和政治经济制度保持一致。当然，教育管理也会对社会发展产生影响，教育管理受生产力和政治经济制度的制约，受其他因素的影响，但它不是消极地、被动地反映它们的需要，而是积极主动地通过教育管理的全部活动及其产品为社会服务，而促进它们的发展。因此，教育管理工作的绩效同社会效益有密切联系。教育管理与社会发展之间的本质联系决定了教育管理学的社会性。

（二）综合性

教育管理是一项极其复杂的工作。它是由多种因素组合而成的，具有心理的、生理的、物理的多种性质。它的运转涉及内部之间各方面的关系以及内部与外部的关系，受政治、经济、文化、习俗等多方面的影响。教育管理活动和研究对象的复杂性与多样性，决定了教育管理学的学科综合性。它需要多学科的理论知识、研究成果以及教育管理的实践做基础，来建立自己的理论体系。因此，教育管理学是一门综合性学科。与教育管理学有密切联系的学科有如下几种：

（1）马克思主义哲学。马克思主义哲学是研究一切事物的理论基础，也是研究教育管理学的理论基础。教育管理学的研究要以马克思主义为指导思想，要采用正确的世界观和方法论。

（2）系统科学。系统科学是研究教育管理学的一般方法论。它在马克思主义哲学指导下，体现着一般原理，同时又丰富和发展了马克思主义哲学的自然观和方法论，为教育管理学的研究提供了一些新概念、新思想和新方法。

（3）教育科学。教育管理学是教育科学的一个重要分支。教育科学所揭示的教育规律、教育本质、教育原理和教学及德育原则等是教育管理的重要依据。因此，教育管理学必须运用这些理论来研究教育管理中的问题。

（4）管理科学。教育管理学又是管理科学的一个重要分支。它是教育科学与管理科学之间的边缘学科。管理科学所揭示的一般管理概念、性质、职能、原则、方法等，对教育管理具有普遍的指导意义，教育管理学就是运用管理科学的理论，针对教育管理的特点进行研究的。

(三) 政策性

社会生产力与政治经济制度对教育管理具有制约作用，教育管理必须与它们相适应，教育管理必须贯彻执行由生产力与政治经济制度决定的教育方针政策。这就决定了教育管理学具有政策性，即教育管理学要研究教育政策的制定，要反映教育政策的内容和规定，要有助于教育政策的贯彻执行。

教育管理学的学科内容同党和国家的方针政策存在着内在的联系。教育管理学阐发的管理原理必须以教育活动和管理活动的客观规律为基础，能推动和促进教育管理工作顺利进行；一般来说，正确的方针政策也一定是在客观规律基础之上确立和规定的，目的同样在于指导教育工作。另外，无论是教育方针政策的制定，还是教育管理学的研究，都要受到教育的传统与现状、教育的基本观念以及教育政策倾向性的影响。教育方针政策的贯彻执行要借助于教育管理学的原理、原则和方法等。然而，教育管理学理论与党和国家的教育方针政策又是有区别的。方针政策对教育管理活动具有直接指令性，是教育管理者必须执行的；教育管理学的理论对教育管理工作起指导性作用，对教育管理人员无法定的约束性。另外，教育管理学把教育管理问题当作学术研究的对象，具有探索性。

教育管理学具有政策性。它要对党和国家的方针政策进行阐述，但是决不能把教育管理学等同于方针政策，教育管理学也决非单纯地抄录、注释、研究方针政策条文，而是通过对教育管理实践的分析研究，从理论上探讨管理问题，为制定正确的教育方针政策提供理论依据。

(四) 权变性

在影响教育管理工作的众多因素中，有系统性因素，也有偶发性因素。前者是在教育管理中长期起作用的因素，具有稳定性，人们可以据此事先制定相应的管理措施。后者是在教育管理中偶然出现的因素，具有不稳定性，人们难以预测它的出现，也难以事先制定相应的管理措施。这就使得教育管理中，既有规范性管理，又有权变性管理。例如，编班、安排课程、考评教学工作量等都属于规范性管理。这些工作如何做，事先都有明确规定。但是教育管理中还有一部分属于非规范性管理，如何处理由于偶发性因素造成的问题，没有明确规定，应该根据具体情况采取相应的管理措施，具有权变性，即权宜应变之意。不存在适用于任何情况的"最佳"管理方法和措施，我们要善于把教育管理理论，因地制宜、因事制宜、因人制宜地加以改造。尤其在教育管理中，人的因素占主导地位，人作为唯一有思维活动的生命，更有许多变化的不定性，即使已有了管理规则，也会因非理性因素而出现偶发事件。

因此教育管理中的权变性部分更多，这决定了教育管理学的权变性。这种权变性要求教育管理学不仅要研究规范性的管理规则及措施，更要研究权变性的管理原理、原则，要把各级各类教育组织的活动视为一种开放系统中的活动，其所阐述的管理原理、规则和方法不应该是封闭的、静态的，而应当是开放的、动态的，是随着管理环境的变化而变化的。可以从理论上对影响教育管理质量的各种因素进行系统分析，找出它们之间的关系和联系，在实践中，从多种可能性中去选择。因此，不能苛求教育管理学也像数学、物理学那样精确，教育管理学是一门不精确的学科。

（五）双边性

任何管理活动均包括管理者与被管理者，管理者与管理对象的矛盾运动推动管理过程向前发展。可以说，任何管理活动都具有双边性。这决定了教育管理学也有双边性。因此，教育管理学既要研究管理者一方的活动及其行为规范，又要研究被管理者一方的态度和行为。

教育管理者通过各级各类教育组织对教育工作进行计划、组织、协调和控制，对各级教育行政人员和教职员工及学生实施影响，使他们按照预定目标去行动，改变自己不符合总目标的行为。因此，教育管理学必须研究管理者的管理行为、管理方式、管理素质，探索管理者如何对各级各类教育组织进行有效的管理，如何对教育行政人员、教职员工和学生施加有效影响。

与其他管理活动相比，教育管理活动的双边性又有其特殊性，它是以人为主导的。在教育管理的双边关系中，主要是人—人关系。管理对象虽然也包括物，但主要是人，直至管理活动过程的最终"产品"也主要是人。人在接受组织对他们的管理时，并不是消极、被动地去听从指挥和监督，而是根据自己的需要、带着主观认识去接受命令。他们在工作中表现出来的对命令的认从感、责任感、成就欲等对被管理者是一种影响。这种影响可能是积极的，也可能是消极的。积极的影响可以使上级管理者或同级人员增强信心，正确对待面临的困难，有利于教育目标的实现。消极影响会使人们丧失信心，阻碍教育目标的实现。因此，教育管理学还必须研究被管理者的行为，研究他们的需要、他们的参与意识、他们对命令的认可程度及执行情况等。教育管理过程是管理者与被管理者相互依存、相互影响和相互制约的双边活动。所以，教育管理学在研究双方个体的行为对教育管理活动的影响后，还必须研究两者的关系及联系，研究他们的组合方式等。①

第三节　教育管理学的研究对象与方法

一、教育管理学的研究对象

在整个教育管理学科体系中，一个最根本的问题是如何选取合适的研究对象，这个问题关系到整个教育管理学科的建设和发展，所以需要格外重视。如果在研究教育管理学时不清楚研究对象，那么就无从谈起发展教育管理学。所以，在建设与发展我国教育管理学科的过程中，首先要确定所要研究的对象。教育管理学是一门关于教育管理的学科。教育管理可以从多个层面进行解读，比如可以分为动态层面和静态层面，动态层面包括理论层面和实践方面的教育管理活动，静态层面指的是精神方面和物质方面的教育管理现象，除此之外，还可以用其他学科的知识从宏观和微观以及动态和静态层面来叙述教育管理系统，还能从结果和原因、方式及手段、过程及目的等综合表达教育管理的本质，还可以从教育管理的文化与环境、模式与方法、资源与效率、原理及原则以外的知识来叙述教育管理。虽然这些表达方式各有侧重点，但都是紧紧围绕教育管理这一关键词，这才是表达教育管理最为重要的一点。

也就是说，作为一门科学的教育管理学，是以教育管理的整体为其研究对象，它追求的是从整体上剥去教育管理现象的虚饰，在终极真理的层面上窥探和揭示教育管理的本真，从而实现对教育管理认识的整体突破和在教育管理实践与行为上的统一、超越。②

既有的研究大致可以分成四个流派，或者说是四个主流观点：特殊矛盾说、现象—规律说、问题说、过程活动说。

特殊矛盾说主张教育管理学的研究对象不应是泛泛而谈的教育管理现象及其规律，而是要在与其他相关学科的比较中揭示和提取出来。它主张从教育管理学与其他学科的不同点来限定教育管理学的研究对象。因此教育管理学的研究对象只能是教育管理的特殊矛盾性。特殊矛盾说虽然提出了鲜明而特定的研究对象，但是它将教育管理学的研究对象大大缩小，只寻求教育管理学同其他

---

① 傅树京 . 教育管理学导论 ［M］. 北京：原子能出版社，2007：18.
② 曾嘉，黄荣晓，黄英女 . 教育经济与管理 ［M］. 北京：光明日报出版社，2016：71.

学科的差异部分作为研究领域，自失城池。并且，特殊矛盾说这种抓主要矛盾的哲学思路并不能完全适用于一门社会科学的研究对象，表面上符合辩证法的逻辑，实质则违背了辩证法。一方面，特殊矛盾说未用普遍的观点和联系的观点看待教育管理学的研究对象和内容，并未看到教育管理学作为一门社会科学同其他社会科学有普遍联系、理论共通的一面，而是将教育管理学同其他社会科学完全孤立起来，这样不仅不利于社会科学的发展，也不利于教育管理学的发展。因为所谓的知识本身便是一个整体，只是人类为了更加方便深入探讨、研究和掌握才将它们划分为不同的学科加以分别探究。另一方面，特殊矛盾说也没有交代主要矛盾与次要矛盾以及矛盾的主次方面的关系，更是忽略了矛盾的历史性、变动性和发展性，将教育管理特殊矛盾局限在某一固定内容上。

现象—规律论认为教育管理学是需要研究教育管理现象，揭示其内在规律的学科。认为教育管理学不是对教育管理活动、过程和问题进行研究，而是对教育管理现象进行研究，而且教育管理现象是可以被认识的，不是模糊的；通过对教育现象研究可以发现教育的本质。尽管人们普遍接受了现象—规律论，但仍有一些学者提出了该理论存在的问题。例如，错误地将教育学和管理学这一学科的成果当作学习的对象；作出一些不恰当的自然科学假设；对教育行政这一现象性质进行质疑。之所以存在这些问题，可能不只是一些研究者所说的语意演绎的后果，也不尽是有意识的自然科学崇拜的后果，而可能是一种研究习惯、研究传统或研究环境使然，特别是对那些早先的研究者而言，采用马克思理论来进行理论研究和表述更具历史合理性。①

问题说主张教育管理学的研究对象是那些需要讨论并加以解决的教育管理的问题，而不是那些所谓的教育管理的一般现象、教育管理规律及所谓的特殊矛盾。这种主张从本质上来讲是一种教育政治论的哲学观点而非教育认识论的哲学观点，或者说它是一种典型的实用主义观点。它希望通过将研究对象限于已经成为问题的现象来缩小教育管理学的研究对象，主张通过"发现问题—解决问题"的逻辑来研究和推进教育管理学的实用性发展。一方面它符合了社会科学的解决社会发展实际问题的要求，聚焦了教育管理学的研究内容；但另一方面，这种问题说的主张却主动放弃了教育管理学的许多作用场域和研究领域，也忽略了教育管理学作为一门社会科学的大部分价值，只关注了教育管理学的实用价值。此外，以科学哲学为理论根基的教育政治论哲学对教育管理问题进行种种解释和分类后，往往容易变得不可求解。同时，"教育管理问题"本身也存在技术倾向和界定模糊的问题。

---

① 陈学军. 教育管理学研究什么：观点论争与问题转换［J］. 现代教育管理，2009（11）.

过程活动说主张教育管理学的研究对象是教育管理过程中的各种活动。此主张认为，教育管理的存在和发展都是一个特定的具体运动过程，并且不存在抽象的过程；它的存在和发展都从属于一个更大的过程，是更大过程的一个阶段、一个环节或一个部分。不同的学科背景的学者们又对教育管理的存在和发展所从属的更大过程分成两种不同的看法，一种观点认为教育管理过程从属于教育过程，另一种观点认为教育管理过程从属于管理过程。过程活动说对教育管理学研究对象的解释在涵括度上不及现象—规律说，在清晰度和聚焦程度上不如特殊矛盾说和问题主张说。

当然，对于教育管理学研究对象和内容的主张还包括一些其他的观点。有观点认为教育管理学的研究对象是多样化和变动的，超出了特殊矛盾说、现象—规律说、问题说、过程活动说的范畴。

虽然不同的学者对教育管理学的研究对象和内容有不同的表述，但无论如何，这些对于教育管理学研究对象和内容的不同只是描述重点或者说研究偏好的不同。从他们的概括和描述来看，教育管理学的研究无非是寻找、发现和运用教育规律及教育管理规律，分析、探究教育现象和教育管理现象。因此，教育管理学的研究对象和内容无非是教育及教育管理的规律和现象。或许有人会质疑教育规律和教育现象为何会被涵摄进教育管理学的研究对象和内容。教育现象和教育规律是教育管理学的基础知识和学科预备知识。教育管理应当以教育现象和教育规律为基础，只有立足于教育现象、遵循教育规律的教育管理才是真的教育管理。但这完全不影响教育管理作为一门学科的独立性。就像物理、化学需要经常借助于数学那样，基本的数学知识只是物理、化学的基本预备知识，但物理和化学确实是独立于数学之外的学科。①

二、教育管理学的研究方法

研究方法是沟通教育管理理论与实践的桥梁。方法选择得当，会收到事半功倍的效果，否则，理论与实践的交融则会受到阻碍。教育管理学的研究通常采用以下基本方法：

（一）历史研究法

历史研究法就是运用通过研究文献等资料来分析教育管理问题。从历史的角度来看，中外教育管理的理论与实践都为我们提供了丰富的资料，供我们现在进行参考。在进行历史研究时，不能完全模仿，而要认识到史学的延续与传

---

① 罗泽意，颜佳华. 资源分配公平视角下的教育管理［M］. 湘潭：湘潭大学出版社，2014：7.

承。对历史文献进行分析，可以从中发现客观规律性，从而为当前的教育管理工作提供有益借鉴。

（二）比较研究法

比较研究法指的是以一定标准为依据，对教育管理现象在不同情况下的表现展开研究，分辨它们之间的相似性和差异性，最后得到科学结论的方法。通过比较，我们可以将教育行政工作中存在的问题，从各种角度进行对比研究，从而得出更加精确和科学的数据。通过比较，找出国与国、地区与地区之间教育管理问题的共性与个性，相互借鉴，从而使教育管理研究更加深入。

（三）调查研究法

调查研究法是指深入实际进行调查，通过谈话、调研、填写问卷等方式获得最具代表性的材料，通过整理、分析这些资料对教育管理知识进行研究。因其准确性高，所以这种方式经常被应用于实践中。

（四）实验研究法

实验研究法是指通过人为地控制某些因素，以揭示某些变量之间的相互关系的方法。教育管理运用实验研究法，可以先选择部分地区、部门或学科，根据实验结果，反思实验设计的真与伪，以避免付出过多的代价。由于影响教育管理的因素较多，许多因素又难以控制，所以，教育管理研究多采用自然实验法。

（五）案例研究法

案例研究法是美国哈佛大学在20世纪40年代首次应用于行政管理领域的一种方法，之后被许多其他科学所运用。这种研究方法指的是利用分析调查和搜集资料等方式，整理已经发生的具有代表性的教育管理事件，将其写成文字材料，再以客观的态度对其进行评析并解决这一教育管理问题。案例研究法在诸多学科中被广泛应用，其重要原因在于它能拓展研究者的思维空间，使得研究结果更加真实且可靠。

（六）行动研究法

行动研究法是指"由社会情境（教育情境）的参与者为提高对所从事的社会或教育实践的理性认识，为加深对实践活动及其依赖的背景的理解所进行的反思研究"①。行动研究的重要特点在于研究主体的变化，教育管理是一种应用性的实践活动，其参与者不仅来自教育管理者，而且来自教育管理的中心对象——人。要使教育管理收到实效，特别是能使教育政策法规得以实践，没有教育管理中心对象的参与及认可是不行的，没有教育管理者与教育管理中心对象的共同协作也是不可能的。因此，教育管理研究应当采用行动研究法，调动教育管理者与教育管理中心对象双方的积极性，在教育管理实践中寻求解决问题的出路。

（七）人种志研究法

人种志研究法是研究人员对群体活动中发生的一些事情进行纪录，并分析结果最后得到结论的方法。其最主要的特征就是研究人员要到实地去观察，这样可获得更多信息，从而获得对群体的直接经验。有助于研究人员更好地对数据进行全面分析。但是，由于研究者的情感、态度和认知等因素存在差异，该方法也有一定的局限性。教育管理研究采用人种志方法能增进研究的真实性，避免官僚主义的倾向。②

① 陈向明. 质的研究方法与社会科学研究［M］. 北京：教育科学出版社2000：448.
② 杨颖秀. 教育管理学［M］. 长春：东北师范大学出版社，2002：6.

第二章　教育管理的原理、历史演进与发展

在教育教学中，教育管理是重要的组成部分，教育管理的质量等都会对教育教学产生较大的影响。教育管理是伴随着教育活动的发展而产生和发展的，是涉及教育工作日常运转的实践活动。本章首先分析了教育管理的基本原理，进一步探讨了教育管理的历史演进的相关内容，最后详细地论述了教育管理的发展。

第一节　教育管理的基本原理

一、系统原理

教育管理的系统原理可以表达为：教育管理活动中的每个基本元素，都不是独立存在的，而是既存在于自己的系统中又与其他系统以多种方式相关联。要实现最大化的教学管理目标，就需要对教学管理目标进行系统剖析。要以整体观点来看待局部，局部为整体所服务。但是，同时也要认识到教育系统是更大系统的一部分，所以也要处理好教育系统和其他系统的关系。

系统论认为，世间一切事物都是以系统的形式存在的。[①] 系统由若干相互联系、相互作用的部分组成。系统具有集合性，即一个系统至少由两个或两个以上的子系统构成。系统具有层次性，即系统内部的子系统是有层次的，分别处于不同的地位。系统内部是相互依赖和制约的关系，即存在相关性。将系统原理应用到教育的管理中就必须把教育作为一个系统来对待，并且要从以下几个方面来对教育系统进行分析：

第一，要理解教育吸引的构成，也就是要了解它的各个子系统。

---

① 杜复乎. 新课程课堂教学案例开发策略 [M]. 郑州：大象出版社，2017：6.

　　第二，对教育体系的结构进行研究，主要是对其内部的组织架构，系统与系统之间、系统与子系统之间的关系进行分析以及系统中各个因素之间的互动关系。

　　第三，对教育系统的连通性进行考察，考察教育系统在纵向和横向上与其他体系的连通性；教育系统在更大层面系统中的地位与功能。

　　第四，明确教育系统的作用，也就是要明确教育系统和各因素在其中的作用；教育系统对子系统的影响作用等。

　　第五，把握教育系统的历史与发展，即要弄清教育系统产生与发展所经历的主要阶段。在教育管理中运用系统的原理，要注意运动系统的三个原理：其一，目的性原理。每个系统都有自己明确的目的，教育系统也不例外。要根据教育系统的目的和功能设置各子系统，建立多子系统之间的联系，在组织、建立、调整教育系统的结构时，要强调子系统服从系统的目的。其二，整体性原理。系统原理强调整体性能，但并不否定子系统的性能。系统分析主要就是研究单元的性能怎样通过合理的结构转变成系统的性能。任何系统都有结构，结构就是系统内部各要素的排列组合方式。在一个系统中，每个子系统只有通过系统结构才能表现出自己的性能。因此，必须用系统的思想、方法、组织、教育的各个子系统，建立合理的系统结构，提高整个系统的可靠性和效率。当改善某个子系统的性能时，必须考虑它对整个系统的影响，必须有利于整个教育系统性能的改善。其三，层次性原理。任何复杂系统都有一定的层次结构，[①]教育系统也不例外。系统间的运动是否有效，效率高低，很大程度上取决于层次是否清楚，每一层次的功能是否明确。在考虑教育系统的层次性时，应明确规定各个层次的任务和职责及权利范围，要注意同一层次各个子系统之间的横向联系。

二、人本原理

　　人本原理强调了教师需要参与到教育管理中来。让教师与学生的人格得以发展是现代教育管理的中心，教育管理的基本宗旨是为教师、学生的全面发展服务，只有切实从师生的角度思考问题才是真正做到了教育管理。

　　在管理的诸要素中，人始终处于主体地位。然而人们对人在管理中的主体地位的认识是逐步明确的。开始把人当作机器的附属品，后来认识到人在管理活动中有重要作用，逐渐形成了以人为中心的管理理论，即在学校中，教师不仅是教育活动的主体，也是管理活动的主体。只有把教职工特别是教师摆在主

　　① 景国勋．安全学原理［M］．北京：国防工业出版社，2014：62.

体的地位，让他们充分发挥主体作用，参与学校管理，进而提高他们的教学积极性，促进教师的发展。管理者的行为是管理者在教育管理中所体现出来的人格特征，而管理者人格特征又会对教师的人格特征产生直接影响。所以，只有管理者的人格完善，才能使教师、学生的人格完善，而且当全部人员的素质和人格都获得提高，才能使教育管理工作更加高效地进行。要使学校教职工、学生人格得到发展，管理工作就要为人的发展服务。有人以为，管理是约束人的，是不利于人发展的，其实这种理解是片面的。人的发展会受到很多因素的制约，其中管理所制约的只是那些对人的健康发展不利的因素，为自身和他人发展创造有利的环境和条件。管理必须尊重人、依靠人、服务于人。只有在尊重人、依靠人的前提下，学校才能真正让教师和教育的对象即学生都获得长远发展。

人本原理决定了教育管理要以人为本，在工作中重视人的发展需求。每个教育管理工作者都要努力提升自己的能力，在教育管理工作中牢牢把握主重点，始终关注人的发展问题，让所有教师都清楚认识到学校的教育目的和自己的责任，能够积极地参加到学校的管理活动中来，从而不断提升自己的能力，努力履行自己的义务，积极完成教学工作。尤其是要充分发挥教师的作用，在学校管理过程中，不仅要让教师清楚自己的总体目标和责任，而且要给他们提供一个有利于工作的环境，以激发他们的工作热情，提升他们的教学水平，促进他们自身和学生的全面发展。

三、动态原理

动态原理强调教育管理者必须清楚地认识到其所管理的对象在不断发展，不能一成不变地对待他们；要针对教育内外环境的变化，注意适时进行策略调整，使其具有足够的灵活性，从而使动态管理更加高效。一般而言，教育系统及其子系统的有效运行，不仅受到自身条件的约束和限制，而且还受到相关系统的限制和影响，而且，各个系统的状况，随着不同的时间、地点及人们不同的努力都是不断发展变化的。系统目标的制定与选择，也是随着情况的变化而更新和变换的。所以，教育系统的管理工作，静止是相对的，运动是绝对的。

这一原则的提出就是要使教育管理者认识到现代教育管理的动态性，使其能够以一种动态的方式进行领导。首先，教育行政人员要关注教育系统的外在变动，并对其进行动态调整以适应外部变化。其次，教育行政人员要时刻关注教育系统内部所发生的变化，尤其是管理对象的发展变化，从而制订出与之相适应的管理目标。此外，还要关注影响教育发展的各项因素的变化，以确保教育可以正常进行，通过一系列方法促进教学效率提高。此外，教育管理者还要注意自身的发展变化，以确保自己可以做出正确的决策，保证教育管理过程不偏离目标。

四、效益原理

效益原理，就是要在教育管理中讲究实效，使教育管理创造出更多的经济效益与社会效益，为社会的发展做出贡献。[①] 与任何管理活动类似，教育管理活动的最后效果都会反映在某种效益上。效益是管理中一个永恒的话题，一切管理活动的最终目标都是为了更高的效益，唯有如此，企业才能存活并成长。效率原理的基本原则：一是要树立效率的管理理念，把效率作为教育管理的核心；二要提高教学工作的效能，为高校的教学工作提供良好的教学环境，使得高校可以培养出更多为社会发展服务的人才。为了实现这一目标，教育管理者要运用先进的科学方法和手段，构建合理的管理机制和体系，对管理人员的职、责、权、利进行清晰界定，同时还要处理好整体效益与局部效益的关系、长期效益与短期效益的关系，在任何时候都要以培养高素质人才为核心，围绕这一目标不断努力。

第二节　教育管理的历史演进

教育管理的历史演进跨越的时间范围很广泛，这里着重分析和探讨近代教育管理的历史演进和现代教育管理的历史演进。

一、近代教育管理的历史演进

(一) 近代中国教育管理的历史演进

1840 年鸦片战争以后，中国逐步沦为半殖民地半封建社会，教育管理也具有半殖民地半封建的性质。由于近代中国社会局面地剧烈变化，教育管理也变动频繁，这里就以太平天国、清末和民国初年的教育管理略作概述。

1. 太平天国的教育管理制度

太平天国作为农民政权，其教育管理制度具有自己的鲜明特点，即政、

---

① 孙绵涛. 教育管理原理 [M]. 沈阳：辽宁大学出版社，2007：35.

教、军合一。太平天国的中央教育行政由礼部尚书主持，在东王府和北王府均设礼部尚书。洪仁执政时，设文衡正总裁、统理一切教育考试事宜。地方上负责军政事务的官员，也是地方教育行政的主持者。郡设总制一人，州、县设监军。军设军帅，统辖师帅、旅帅、卒长、两司马、伍长等，既负责军事、行政，也负责主管教育。太平天国的教育政策是贬低儒教，排斥佛、道及其他宗教，以拜上帝教指导教育事业。教育的场所主要是礼拜堂，男女老幼都享有受教育的权利，两司马兼任教师，在太平军占领的城市里，设"育才馆"或"义学"，由育才官主持对儿童施教。太平天国培养士子的目的明确，要求"德才兼备""文武兼通"，具有"顶天报国齐治均平"的才能，主要是为农民战争服务。

2. 清末的教育行政管理变革

清末教育行政变化很大，在不同的时期实行过不同的教育行政体制，它们既各有区别，又互相间杂连为一体。19世纪60年代后期，洋务派兴办新式学校，一类是外语学校，如上海广方言馆、广州同文馆及其他方言学堂；第二类是军事学校，如福建船政学堂，各地的水师、陆师学堂等；还有一类是科技学校，如天津电报学堂等；洋务运动时期，中央教育行政机构为礼部，仅管理旧式学校和科举考试事项。洋务派的"新学"受总理各国事务衙门管理，北洋水师的训练、教育多由海军衙门管理，地方教育行政方面，学政只限于管理州县旧学、科考事，洋务派兴办的各项教育事业，多由地方洋务局管辖。

戊戌变法时期，总理各国事务衙门是统辖新式学校的最高教育行政机构，礼部管理科举及旧式学校，但礼部尚书又为总理各国事务衙门的大臣，有权参与讨论新式学校教育的事。京师大学堂创办以后，设立"京师大学堂官学大臣"，既管京师大学堂，又"节制各省所设之学堂"。地方旧学仍由学政管理，新式学校由京师大学堂管学大臣派员管理。但管学大臣的施政计划，又须请示总理各国事务衙门。

清末的教育行政管理虽比较复杂，但从教育和教育行政发展的角度看，同以往相比有许多不同的特点。

一是逐步建立了系统衔接的学校教育制度。1862年京师同文馆创立，标志我国近代学校的建立。京师大学堂则为我国近代最早的高等学府。1903年颁布的《奏定学堂章程》，标志着近代学校教育制度的初步完善，各级各类学校教育相互衔接而成为学校教育系统。

二是颁布了教育宗旨。《奏定学堂章程》规定教育宗旨是"以忠孝为本，以中国经史之学为基。俾学生心术壹归于纯正，而后以西学渝其智识，练其艺能，务期他日成材，各适实用，仰副国家教就通才"。此后，又提出以"中学为主，西学为辅，培养通才，首重道德""忠君、尊孔、尚书、尚武、尚实"①为教育宗旨。这些宗旨虽反映了清末半殖民地半封建教育的性质，但作为全国教育总的指导思想提出在中国和世界教育行政史上还有其重要意义。

三是教育行政机构从中央到地方逐步形成了一个有组织的系统。1905 年，清政府设学部，并颁发《学部官制职守清单》，近代中央教育行政机构初具完整规模。学部首长称尚书，下设左右侍郎、左右丞相和参议，下辖京师大学堂、国子监、编译图书局、教育研究所、学制调查局、京师督学所；并设五个业务局，即专门司、普通司、总务司、实业司、会计司；每司下设科，如普通司下设小学科、中学科、师范科。还设中央教育会，为中央教育审议机关，置视学官 12 人，巡视京外学务；咨议官无定员，随时咨询。地方教育行政机关，各省设提学使司，统辖全省地方学务，归督抚节制，受学部指导监督，行政首长为提学使。有的省设学务公所，由提学使领导，所内设专门、普通、总务、实业、图书、会计等科。省下府州县教育行政机构为劝学所，任务是"划定区域、劝办小学、以期逐渐推广普及教育"。县下划分学区，每区设劝学员 1人。总的来看，中央教育行政机构冗员太多，而省教育行政组织又过于简单。

3. 民国初年的教育行政

民国初年的教育行政管理在清末教育行政的基础上进行了改革，有了进一步发展。其显著特点是注重教育行政管理的法制建设，并颁布了一系列法规，在我国教育行政史上有其突出的意义。

辛亥革命时期，孙中山于 1912 年在南京建立中华民国临时政府。中央教育行政机关由学部改为教育部，行政首长为教育总长，由蔡元培担任首任总长。此后先后颁布了《普通教育暂行办法》等法规，教育部下设学校教育、社会教育、历象三个司。袁世凯任大总统后，范源濂为教育总长，公布了《教育部官制》。1913 年，教育部颁布了《学校系统令》，对各级各类学校学制及衔接等作了具体规定。此后陆续颁布了《小学校令》《中学校令》《师范学校令》《专门学校令》《大学令》及"学校规程"等许多规定，使教育行政工作有所遵循。地方教育行政中，省级设教育厅，厅内设科分管普通与社会教育、专门教育等，另设省视学 4~6 人，视察教育事宜。县教育行政依 1915 年公布的《地方学事通则》和《劝学规程》设置劝学所，辅佐县知事办理教育行政事宜。

中国近代教育行政虽比过去有所改进和发展，但带有浓厚的半封建半殖民地色彩，有的承袭封建旧制，有的抄袭欧美等资本主义国家的教育行政组织形

---

① 张德祥，等. 辽宁省志 教育志 [M]. 沈阳：辽宁大学出版社，2001：14.

式，实质仍是半殖民地半封建的教育行政。

（二）近代西方教育管理的历史演进

西方文艺复兴带给教育的是一片新生，以人为本的理念占据了这一时期教育管理思想的主流。① 教育以人为本，培养身心和谐发展的人，这一目标是与中世纪通过教育压抑人性、盲目服从上帝和教会的人的目标格格不入的。为实现这一教育理念，意大利著名教育家维多利诺办起了名为"快乐之家"的学校。在这所学校里，维多利诺改革了课程，扩大了教学内容，努力使教育过程适应儿童的天性和个别差异。在管理"快乐之家"的过程中，维多利诺采用了多种教学形式，如游戏、演说、短途旅行、体育、绘画等，他还倡导自由教育，主张学生自治，减少惩戒，禁止体罚。维多利诺的这些办学实践，对欧洲后来的教育发展产生了极为深远的影响，他本人也被称为这一时期"第一个新式学校的教师"。

文艺复兴是一个人才荟萃的时代，同时也出现了一大批虽然没有直接办学，但是都有强烈创新意识的教育家。他们把学生的全面发展作为自己的终极追求，极力提倡尊重学生的人格，提倡教师不能对学生过于严格。例如，法国人文教育家蒙田认为，教师的约束太多就会制约学生的发展。学校要按照某种规律来组织学生的各项学习活动。由于对传统教育的不满意，人文教育者对教师的管理采取了审慎的态度。事实上，发现和训练理想的教师要比描绘理想的教师难得多，而教师一旦被选上，就不要频繁地更换。除了上述学生管理、教师管理方面外，人文主义教育家们在学校德育管理、体育管理甚至美育管理方面也有出色的论述，这些论述对近代西方教育管理思想的发展起到极大的启蒙作用。

在西方教育史上，也有一位与但丁地位类似的承前启后的人物，这就是17世纪捷克著名的教育家夸美纽斯。多少年来，他被人们尊奉为"现代教育科学的真正奠基人"。② 他的教育管理思想代表了当时的教育管理发展状况。

1. 国家应负担起管理教育的责任

夸美纽斯认为，教育对于社会、国家和个人的发展起着巨大的作用，基于这一思想，他主张国家的当权者应义不容辞地负担起管理教育的重任。③ 国家应该普遍设立学校，选择合适的人担任国家督学，督学的职责包括对教育管理者进行培训、检查校长教师的工作、了解学校教育教学情况等。

---

① 李汪洋，秦元芳. 教育管理学［M］. 海口：南海出版公司，2004：28.
② 张占成. 现代教育的科学管理问题研究［M］. 西安：西北工业大学出版社，2020：47.
③ 尹丽春，柳若愚，陈丽芬. 现代教育管理论［M］. 长春：吉林大学出版社，2013：20.

2. 建立全国统一的学校制度

为使所有儿童都有上学机会，夸美纽斯提出了统一学制的主张。他的设想是每个家庭有母育学校，每个村庄有国语学校，每个城市有高等学校，每个省有大学，儿童依次在这些学校中接受学前教育、初等教育、中等教育和高等教育。夸美纽斯这种统一、分段而又连贯的学校制度的设想，对以后的教育管理制度发展和完善起到了不可估量的影响。

3. 学年制和学日制

17 世纪以前，欧洲学校的教学计划是混乱无序的，没有固定的开学日，学生可以随时入学。对此，夸美纽斯在《泛智学校》一书中对这一现象表示了强烈不满，在书中他提议，学校的开学日和结束日都要有大致的固定日期，这个日期可定在每年秋天。在这段时期内，学校不收任何学生上课，以保证学生的学习进程相同，同时也方便在学校结束日前进行测验和升学。每一学年也可以分为几个学期，在学期里学生可以享受 4 次较长的假期。学生每天的学习也要合理安排，每日可安排 4 小时上课，每上课 1 小时休息半小时，每周三、六的下午是自由活动时间。夸美纽斯的这些主张，与我们今天的学校安排是多么的相似。

4. 班级授课制

过去的学校教学形式松散不一，同一课堂中学习的内容和进度都不一致，教师只对学生进行个别指导。针对这一现象，夸美纽斯第一个提出了班级授课制的主张。他建议，把学生按年龄和程度分班，作为教学的组织单元。每个班级有一个教师，以免妨碍其他班级。每个班配备一位老师，同时对全班学生进行教学，这样教员因此可以少教，但是学生可以多学，夸美纽斯的这一建议在今天看来几近常识，然而在当时却算得上石破天惊，可以说正是有了班级授课制，才使今天学校的教学管理的制度化、标准化成为可能。

5. 考试制度

为检查教学效果，夸美纽斯制定一套严密的考试制度，他设想，依学时、学日、学周、学月、学季、学年而建立不同的考察形式，如学时考查可以通过教师在课堂上口头提问进行，学年考查可让学生集中在操场，通过抽签进行口头检查考试，考试结果作为是否升级的依据。

二、现代教育管理的历史演进

（一）现代中国教育管理的历史演进

1919 年五四运动爆发，揭开了中国现代史的新篇章。中国反帝反封建的资产阶级革命由旧民主主义革命发展到新民主主义革命的历史新阶段。随着新民主主义革命的胜利，在现代中国出现了两种性质不同的教育行政管理制度。即北洋军阀和国民党统治区的教育行政管理制度以及中国共产党领导的根据地和解放区的教育行政管理制度。

北洋军阀统治时期和国民党反动派统治时期在其统治区实行的是半殖民地半封建性质的教育行政管理。主张省级教育行政分立法和执行两部分，教育厅为执行机关，另设教育参议会为立法机关，县设教育局，废除劝学所。1922年颁行"新学制"，并对上述议案原则通过。1926年，广东革命政府在中国共产党推动下成立，并以"教育行政委员会"作为政府的教育行政机关。1927年，国民党反动政府执政后，对教育行政作了一些变更。首先取消教育部，仿效法国的大学区制。1928年，又废除大学院，复设教育部。随着形势变化，国民党统治区的教育行政机构及其活动也有过某些变化和改动，但从总的趋势来看，所制定的新制度和采取的某些措施，其目的在于不断加强法西斯教育，以维护其摇摇欲坠的统治，为大地主、大资产阶级服务。

中国共产党领导的根据地和解放区的教育行政管理制度又不同于北洋军阀和国民党统治区的教育行政管理制度。中国共产党一诞生就十分重视教育工作，为争取工人、农民和其他劳动人民的教育权进行了不懈的努力和斗争。随着革命斗争的不断发展，在根据地和解放区大力发展教育事业，建立了与国民党统治区有根本区别的新民主主义教育行政制度。第二次国内革命战争时期，中国共产党建立了农村革命根据地和苏维埃政权，并在极其艰苦的环境下发展教育事业。

苏区中央人民政府的教育行政机构设于1931年11月，称"教育人民委员部"，内设初等教育局、高等教育局、社会教育局、艺术局、编审局和巡视委员会。抗日战争时期，中国共产党创建了10多个抗日根据地。根据当时国共合作抗日的协议，抗日根据地的政权属国民政府的地方政府，因此没有中央的教育行政机构。各抗日民主根据地分别建立地方政府的教育行政组织。

解放战争时期，随着解放区的不断巩固和扩大，教育逐渐向正规化方向发展。解放区的教育行政管理逐步由分散趋于集中统一。现代社会自20世纪中叶起经历了一场剧烈变革，我们正步入后现代主义社会。当前，我国的教育管理理论对现代教育管理学进行了深刻反思和批判，并对其进行理论体系进行重新建构。尽管这个庞大的项目才刚刚起步，但是已经展示了许多令人兴奋的想法。在这种情况下，教育机构所处的外部环境已由过去的相对稳定性向现在的复杂性转变，这就要求教育管理者要应对各种环境因素所带来的各种压力。在学校组织中，教学信息技术软件以及各种各样的媒体等因素使教育者本来过去拥有的权威性和领导地位受到了弱化。教学方法的改变对管理方法也提出了相应的变化要求。唯有由封闭式向开放式转型，学校和教育机构才能在与外界的相互作用中建立新的秩序，不断适应新环境。学校制度的开放性要求学校领导在与学生、教师、家长、行政人员、社会大众等交往中要适当分散责任和权利；而计算机仿真技术、数理逻辑技术、人工智能技术和整体最优技术，则为不确定环境下的教育机构决策管理提供了技术手段。后现代思想对教育管理产生了深远影响，后现代主义的教育管理思想强调教育管理过程的价值大于事实，强调教学组织的主体性大于客观性，重视教学知识的多元性和发展性大于单一性和静态性，重视教学方式的多样化大于规范化，尤其注重教学中的交流、理解、分权和解释等。近年来，我国教育管理实践中出现了权力分散化、教育管理机构科层结构改革、教育决策体系中的不确定因素显著等具有后现代特征的变化。现代教育管理是在工业化的大机械时代产生的，大众教育就像一台精密而独特的机械，为了社会发展培育人才，而教学体制的层级则是模仿了工业体制中的官僚体制。把知识作为一门常识性的课程建立在对工业界的想象之上，学校内部生活映照了工业社会，与其息息相关。在后现代社会中科学的权威性受到了挑战，信息技术、网络技术使得信息的传播速度加快，这就大大改变了人们原来的时间和空间概念，使得人类处于一个快速变化且复杂的环境之中。这就需要组织成为具有开放性，能够及时对外界变化和需求进行调整的系统。在这样的背景下，传统的科层制和僵化的管理方式已经不能再适用于现代管理，而具有适应性和创造性的组织才能更好地适应社会变化需要。

金字塔型的教育管理机构是以一定程度的权利中心为基础构建起来。人们认为，这一权利核心被假设为"天才人物"，而且因为组织的构成是以各部门间的互动为基础的，所以组织内的其他个人都是被隐藏起来了。后现代主义者对此提出了异议，他们提倡使用后结构主义的观点来看待教育管理组织，并对组织中个体存在的价值和创造力给予了充分尊重，他们认为，在教育管理组织中，权威是否存在在于组织成员是否接受它。管理机构应当去中心化，以国家民主化、个性化的模式来构造组织架构。它与原来的金字塔形的层级体系相比，具有更多的平面化和网络化特征。这表明中央组织要适当将权力分发给下层组织，让它们根据外部变化自主进行决策；在制定政策时，采取更为民主化的政策；决策架构更加平面化。这种组织需要凸显出个体的身份，注重人的需要，为个人提供更多实现价值和发展自我的机会，并对个体和小型群体的创造力和创新能力给予尊重。这种类型的组织在管理模式上也更灵活，更注重管理过程中的反馈功能。20 世纪科技的变革，使传统的伽利略—牛顿科学观念发生了根本性变化，人类更加重视世界上各种因素的变化。而在此背景下，教育机构所面对的各种环境复杂多变，管理决策呈现出不确定性、无序性等特点。后现代学派认为，人们在进行决策时是按照具体事件进行的，不应依赖于垂直的线性思考与逻辑，采取消解或无视等多种方式来确定之前选择的方法。原始的校园管理模式，一方面使学校与外部环境的接触变得越来越少，另一方面又抗拒社会环境中的大部分因素。简单来说，就是把学校当成一个封闭的体系。耗散结构理论认为，要想让一个系统具备自发生成有序的能力，就必须确保其是开放的，只有这样才能使其所造成的损耗扩散到周边的环境中，降低损失。教育管理与学校生活中的各个方面都有关系，这些关系并不能单独发挥作用，而是在共同作用下发挥原有价值。这一过程的每个层面和每个环节都是发展和变革的主要内容。更重要的是，管理中牵扯到了太多人的因素。无论是管理者还是被管理者，都具备一定的知识、不同的生活环境和个人特点，管理过程不是稳定的线性过程，而是充满了意外，充满了意义生成与自由组织。在此理念的指导下，教育管理应由封闭式转向开放式，对管理活动中的非线性变迁进行再认识，并意识到这一不确定因素是组织秩序生成的主要动力。

（二）现代西方教育管理的历史演进

19世纪末20世纪初是西方教育迅速发展的一个重要时期。在资本主义国家的工业化过程中，越来越多的教育家开始指责教育过于保守，不能适应不断出现的变化。在此大环境下，欧美一批思想开放、有志于改革的教育者开始投身于教育事业，他们尝试过很多方法，但最后发现创建新学校是最为有效的一种，就以此方式来呼吁社会关注教育改革，这就是新教育运动，它在20世纪几乎改变了整个西方社会的学校管理模式。与东方学校的管理方式相比，目前西方的小学和初中的管理方式更宽松、灵活、自由，这正是受到了新教育运动的影响。民主管理、培养能力、尊重个性、积极参与，这几个曾经被许多教育工作者所质疑的概念如今已成为现代教育管理的根本思想。19世纪后半叶开始兴起的现代管理学，极大地冲击着西方的教育管理理论与实践。

1. 施泰因的行政学理论对教育管理理论与实践的影响

德国行政学家施泰因提出了人类共同体理论。根据他的理论，人类为了生活就必须组成共同体，每个人都生存在人类共同体之中。人类共同体由理性和非理性两大部分组成：一部分是社会，另一部分是国家。社会是由一些非理性因素组成，它通过财富分配来提供人发展的条件；通过劳动组织来建立纪律；通过人类需要系统去行动等。由于人有非理性的一方面，所以才产生了各种不公正现象。国家则是由人类理性的一方面来组成的，它通过法律和自我调节等手段来改变各种社会不公的现象。他认为，社会不公产生的根本原因是由于精神财富分配不均造成的，所以，要改变社会不公现象，就必须让国家干预教育，让所有人都能够受到教育。施泰因的行政学理论对教育管理的理论和实践的影响主要表现在以下几个方面：

（1）政府应该积极地干预和管理教育，以消除人与人之间的各种不平等。

（2）政府应该通过立法和政策保证教育秩序，提高教育质量。

（3）教育行政是政府管理的主要内容之一，应该协调政府学校社会的关系，扩大学校对社会的影响。

（4）应该充分重视教育行政的权威性和强制性以推进教育事业。

2. 泰罗的科学管理理论对西方教育管理理论与实践的影响

科学管理理论对教育管理理论和实践的影响主要反映在教育管理的效果运动。具体而言，主要包括如下几个方面：

（1）教育与企业一样要遵循成本—效益逻辑。

（2）应该用科学方法来系统研究教育工作，用科学管理的原理和原则来管理教育可以提高教育的质量和效率。

（3）努力实现教育及教育管理的标准化、定量化、程序化和效率化。

（4）为了实现科学管理，管理者和被管理者必须进行一场彻底的精神革命。

3. 韦伯的科层管理理论对教育管理理论和实践的影响

（1）教育组织必须有严密的组织结构和规章制度，必须遵循管理原则和有统一的指挥。

（2）人有理性和非理性的方面，但是在管理过程中必须能够明确地将非理性因素排斥在管理过程之外，管理就是要理性化。

（3）强调管理的职位权力。这是提高法律授予的。

（4）强调管理者的专业化。要资格条件也应该有相应的待遇。

4. 梅奥等行为科学管理理论对教育管理理论和实践影响

人际关系学主要代表人物有梅奥（Mayo）、罗特利斯伯格（Roethlisberger）等，他们在长达 8 年的霍桑工厂管理实验的基础上，认识到不能把人当作只注重眼前利益的"经济人"，不能忽视他们的社会需要。同时行为科学家在许多领域也有广泛讨论，如人际交流、决策参与、组织发展和变化、角色冲突组织文化等。20 世纪 50 年代中后期至 80 年代，欧美国家的教育管理学研究以引入行为学为主要研究内容。行为科学的主要研究方法是通过编写调查问卷、实地调研和案例分析来实现。这种方法在教育管理学中得到了广泛应用，突破了以往的研究框架，使研究结果更加科学、更有参考意义。

（1）人的需要是人的积极的源泉。要调动人的积极性，就必须了解人类复杂而多变的需要。

（2）人需要理性，也需要情感。因此，人既是正式组织的一员，又是非正式组织的一员。所以，管理者必须妥善处理好正式组织角色和非正式组织角色的关系。

（3）真正影响生产效率的因素并非是古典学派的所谓经济人的假设。和谐的人际关系同样能够提高劳动生产率。人际关系理论对教育管理理论和实践的影响集中表现是要求改善学校中的人际关系，具体反映在：

第一，当时出现了许多主张改善学校人际关系、实行民主管理的文章和著作，促进了人际关系理论在教育领域的普及。

第二，学校管理者在某种程度上理解了教师的心理需求并认识到提升教师情绪的重要性。

第三，越来越多的人要求进行民主决策。

5. 巴纳德的社会系统理论对教育管理理论和实践的影响

巴纳德（Barnard）的社会系统理论对教育管理理论与实践的影响主要表现在以下四个方面：

第一，组织是人的行为（活动或效力）构成的系统，它按照一定的方法调整组织成员的相互关系，它是动态和发展的，是更大的协作系统的一个组成部分。

第二，任何正式组织的构成都包含以下三种基本要素：一是协作的意愿。组织是由人组成的，但真正构成组织的是人的服务、活动或者影响。个人的协作意愿意味着个人的自我克制，交出对个人行为的控制权和非个性化，其结果是个人的努力结合在一起。二是共同的目标。没有共同的目标，组织成员就不知道努力的方向；三是信息联系。协作系统的协作意愿和共同目标只有通过信息联系把它们沟通起来，才能成为动态的过程。因为一切活动都是以信息为基础的。

第三，管理者的职能主要有三个方面：一是建立和维持一个信息联系的系统；二是从组织成员那里获得必要的服务；三是为组织规定合适的目标。

第四，领导的实质就是为其他人提供道德准则。

6. 莫尔斯和罗希的权变管理理论对教育管理理论与实践的影响

权变理论对教育管理理论和实践的影响表现在：

第一，人们是怀着许多不同的需要进入学校的，他们有不同的需要类型；不同的人对管理方式的要求也是不同的；学校的目标、工作性质以及教师职工和学生的素质对学校的组织结构和方式有很大的影响；当一个目标达到以后，可以提出新的目标，激发教师、职工和学生的积极性。

第二，不存在一成不变的有效管理方法和模式。管理的技术和方法应该随着学校内部情况和外部环境的变化而变化。所以，学校管理因变量和环境自变量之间是一种函数关系。

第三，在影响学校管理的各种因素中，学校规模、学校成员相互联系和影响的程度、学校成员的个性、教育教学和管理目标的一致性、学校管理决策的集中程度以及学校教育教学和管理目标的实现程度等都是最重要的变量。

第四，学校应该采用开放、适应性强的有机组织模式以充分发挥学校教师、职工、学生的主动性、积极性和创造性。

第三节　教育管理的发展

一、教育管理理论、政策、实践协调一致，实现教育管理的科学化

长期以来，我国的教育管理的理论、政策和实践存在着严重脱节和矛盾。这是因为人们只重视教育管理政策的落实，忽视了对其进行理论研究和实际工作探索。可见，组织的管理如果没有管理理论作为引导，那么其就是盲目的管理；对管理理论盲目模仿而忽略管理的实际，是死板的做法；仅仅考虑到管理方针，忽视了管理理论和管理实际的做法是盲目又僵化的。教育管理在理论、政策和实践应保持一种和谐的关系，三者互为依存。

当前，大多数教育管理人员已经形成了对教育管理理论、实践和政策三者统一的共识，因此如何实现三者的和谐发展是当前的重点。但可以想象，如果在教育管理中适当地将指令程度降低而提高宏观调控，强调教育管理理论的指导意义，并注重教育实践中存在的现实差异，就可以减少乃至避免在教育管理中出现无序性和盲目性，进而让教育管理走上科学化的发展道路，以科学的理论和政策作为指导管理实践的方针，从而实现教育管理工作的科学化。

二、教育者和受教育者角色有变化，实现教育管理的民主化

在我国新型师生关系的构建改变了以往教师和学生之间的关系，不再是主动与被动的关系，而是民主平等、心理相容、尊师爱生、教学相长的互动关系。从根本上说，教育主体与被教育主体的角色已经改变。在教学实践中，教师从知识的传递者变成了促进学生成长和研究知识的人，学生从以往被动接受

知识变成与教师合作参与到教学中的人。

在促进人的发展基本目标下，教师应当将教育的重点转移到怎样使学生学会学习，关注学生的全面发展，成为激发学生学习动力、辅导学生学习以及保障学生安全的人，使其由原来的科学文化传授者向学生发展的推动者进行转变，教师自身成为活跃的、高效的教育管理研究者，实现教学、学习、研究三位一体的目标；而学生要学习的是如何认识学习，怎样学习，如何与人沟通和交流等其他工作。在这种情况下，教育者和受教育者之间的关系已经不属于传统意义上的教育与被教育的关系，他们之间是平等民主的，学生也参与到教育管理活动中来，所以在管理过程中，一定要着重强调参与决策的重要性，并对民主管理的方式进行更多关注，使教育管理不断走向民主化，从而更好地促进教师和学生发展。

三、定量分析与定性分析相结合，实现教育管理的整合化

教育管理已从经验管理走向了科学化管理，而量化分析在其中扮演着重要角色。这是因为它摆脱了传统教育管理研究中只靠以往的经验进行分析或判断的局限，通过统计学、信息技术等应用模式解读教育管理中各个因素之间的关系，使得人们了解教育管理的内在联系，从而更好地完成教育管理工作。教育管理活动通过各种方式从而使得工作效率得以提高，师生之间平等交流，促进教师和学生全面发展。我国的教育管理活动中曾经有一段时间，把定量分析作为一种效果很好的应用方式，但忽视了定性分析。

但是在教育管理的实际工作中，人们越来越认识到定量研究并不能解决所有问题。原因在于教育管理问题不能被全部定量化，教育管理规律也不能仅仅用确切的定量关系表述，教育管理现象的内涵没有清晰的界定，经常出现"这也可以那也行"的模糊现象；同时，单纯从定量分析的角度来看，也很难从整体上掌握教育管理的全局。定量研究着重于对事物的属性展开量化分析，定性研究着重于对事物的物质方面展开分析，但是任何事物同时都有数量和本质两个属性，教育管理现象也是如此。因此，将定性和定量的研究方法有机地结合起来，既符合当前的实际情况，又符合教育管理今后的发展方向。应当指出，两者并非机械地结合，而应是将其当作一个整体，有机结合在一起。定性是定量研究的先决条件，定量研究是定性研究的基础。二者的有机联系，可以让人们对教育经管理的发展有更全面完整的把握。

四、现代教育技术飞速发展，实现教育管理的现代化

当今社会，信息技术飞速发展，人们的生活也在被信息技术影响着，传统

的人际交往和思考方式已不适用于现代社会，所以人们需要对此做出改变，同样以往的经验管理方式也要发生变化。

目前，我国的教育事业已进入了一个新的发展阶段，但和发达国家相比仍有很大差距，但是，党和国家已经将教育放在了优先发展的战略位置上，持续增加对教育的投资，并努力提高学校的办学水平，这要求政府对教育的投资不断提高。在国家整体实力日益增强的情况下，教育的快速发展必然会带动国家的现代教育技术得到极大发展，从而使国家的教育管理进入一个新时代。只有在这种情况下，我们才可以在现代科学技术和社会化大生产的基础之上开展教育管理工作，才能从小生产的狭隘管理观念中解放出来，真正地将教育组织机构和专业化、集中化、合作化的管理体制结合在一起，使得教育组织可以全方位发展，组织结果更加精密，可以通过现代化信息技术和手段提高教育管理工作的有效性，使得教育管理工作取得圆满结果。

五、社会主义市场经济体制建立，实现教育管理的产业化

当前，我国已经基本确立了社会主义市场经济，这需要有相应的制度安排才能有效促进教育管理事业的发展。也就是适当引入竞争机制，实现优胜劣汰，将教育与社会发展相结合，使学校面向市场，把它当作一种产业来对待，不仅要重视教育的作用，也要重视教育带来的经济效益，在不违反教育规律的情况下，按照市场经济的规律来管理教育，使得教育管理得以产业化。

国家对教育进行法律介入，制定教育政策，合理分配教育资金，促进教育发展；社会则可以通过捐款、投资等方式创办学校，还可以参与到学校管理中来，以确保学校可以得到更好发展。学校拥有一定的办学自主权，对本校的教育可以自行管理。教育管理产业化是指国家和社会可以在一定程度上干预学校管理，但学校不能完全丧失自主权，还要根据本校实际情况做出具体应对。

六、依法治教实施，实现教育管理的规范化

随着《中华人民共和国义务教育法》《中华人民共和国教师法》《中华人民共和国教育法》等教育法规的颁布和实施，标志着我国广大有识之士倡导已久的依法治教思想变成了现实。从此举办教育有法可依，管理教育有章可循，这为实现我国教育管理的规范化奠定了良好的基础。首先，我们要清楚地认识到，在我国的社会文化传统中，强调人治而忽视法治，人们普遍认为权大于法，没有强烈的法治意识，在教育领域中，权力大于法律，馆员执法不严、有法不依的情况屡见不鲜；同时，我国的教育政策也存在着一些不完善的地

方。尤其是在我国改革开放不断深化的情况下，一些原先制订的关于教育管理的规定需要按照现实需要重新修订，社会的变化使得更多的教育管理关系需要用新的法律来规范。从这一点来看，我国的教育管理工作离规范化还有一定距离，需要付出更多努力。

七、非学历教育崛起，实现教育管理终身化

从 20 世纪 60 年代以来，终身教育思想在世界范围内广泛传播。随着教科文组织等一系列经济文化机构的努力，该理念得到了进一步的充实与发展，并逐步为国际社会所认可。在这一思想的作用下，我国的学历教育与非学历教育的界限已经开始变得模糊，受教育是为了获取文凭的情况在不断改变，越来越多的人希望通过教育来补充知识、丰富生活，没有学历的社会教育市场也在不断扩大，这就使得我国的非学历教育快速发展。在学历教育一家独大的情况已经成为过去的背景下，我们不能再简单地以学历教育的方式来管理教育，必须运用终身教育的思想、原则和特点与我国的教育实际情况相结合。在开展高层次的学历教育的基础上，大力发展各种层次的非学历教育。通过成人学校、职业学校、卫星电视和函授教育等方式，促进职业培训和继续教育不断发展，已经基本构成了学历教育与非学历教育同等重要、职业教育和普通教育相互沟通、不同层次教育相互衔接的现代教育系统，其正是代表了终身教育的特点。可以看到，终身教育理念将会贯穿于整个教育管理过程。

八、全球经济一体化格局形成，实现教育管理的国际化

随着交通运输工具的发展和媒体的广泛应用，各国之间的时空距离被极大缩短，世界正在变成一个地球村，全球范围内的一切资源和商品都能被其他国家所吸收，从事任何产业的公司不仅要与本国内的同行竞争，还会面对许多国际对手，使得公司发展更为困难。

在这种新的国际环境下，我们的教育管理既面临着新的挑战，又有新的发展机遇。我们只要把握好机会，以经济发展与合作为纽带带动教育管理发展，以开放的态度大胆地引入外国的教育管理思想和方法，就可以缩小同发达国家之间的发展距离；如果我们不重视外来思想，固步自封，只会拉大我们与国际先进的教育管理思想之间的距离，使自身被别人远超于身后。因此，在全球化发展的背景下我们必须使教育管理以开放包容的态度去面对各种外来教育管理思想，推动我们的教育管理走向国际化，努力缩短与发达国家的距离。

第三章　教育体制与机制管理

在教育管理中，教育体制与机制都是重要的组成部分，本章首先着重地分析了教育行政管理的体制与改革，接着进一步详细地探讨了教育机制理论与改革，从深层次研究了我国的教育行政管理体制以及机制，并对存在的问题进行适当的改革和调整。

第一节　教育行政管理体制与改革

一、教育行政管理体制

(一) 教育行政管理体制的含义

教育行政管理体制是指一个国家的教育行政组织系统，或国家对教育的领导和管理的组织形式与工作制度的总称。[①] 这一部分的内容包括国家教育行政机关的设置，各行政机关之间的隶属关系以及权力分配等问题。教育行政管理制度所要解决的一个关键问题，就是中央和地方以及教育行政机关和学校之间的权力分配问题。

关于教育行政管理体制的概念，在国内一些教育管理学的教材或著作中，有的将其称作教育行政体制或者教育管理体制，也有将教育行政体制叙述为教育管理体制的宏观领域。如果从广义的角度理解"行政"的话，这三种观点的概念并没有本质的区别，都是要解决国家、地方及各级各类学校领导和管理教育事业的根本制度问题，围绕这一制度必然要涉及领导权力分配、机构设置等问题。

---

① 林金枫，赵琳. 文教事业管理 [M]. 哈尔滨：哈尔滨工程大学出版社，2016：158.

（二）教育行政管理体制的功能

1. 领导与管理功能

教育行政管理体制在整个教育体制中居于主导地位，对于办学体制、学校管理体制都有着制约作用。如国家行政管理体制中突出地方分权，那么地方教育行政部门的招生制度、办学制度和学校自主权就会增大。

2. 权力分配功能

教育行政管理体制所要解决的核心问题之一，就是处理中央与地方的关系、教育行政部门与学校的关系，而这些关系的确定，实质上就是划分国家教育行政管理的权力。在国家教育行政管理体制下，明确国家各级教育行政组织机构及学校的权利与责任，从而确保教育活动的正常运转。

3. 分工协作的功能

教育行政管理体制不但是各种教育主体的力量在教育系统中发挥作用的外在表现形式，同时也是教育行政系统内部各个组成部门之间分工协作的一种表现。通过各个教育主体权利的行使、职责的履行、义务的承担、利益的享有，实现有效分工与协调合作。

4. 提高教育行政组织效率的功能

教育行政管理体系对各级教育行政组织机构的权利与义务、职责与权限进行了规定，其根本目标是在保证教育活动的正常运行的前提下，尽可能地提升教育行政管理的效率。效益是评价一切组织形式的依据，脱离了效益这一基本要求，就无从谈起教育行政体系的存在和发展。

（三）教育行政管理体制的类型

教育行政管理体制的类型是指教育行政组织的形态，也就是国家干预教育活动的制度安排与组织结构预设的形式。① 可以将其分为中央集权制与地方分权制、从属制与地方制、专家统治制与非专家统治制等多种类型。

1. 中央集权制与地方分权制

按照权力与责任的配置，可以将教育行政管理划分为中央集权与地方分权两种类型。教育行政管理的中央集权制指的是教育行政管理的权力集中在中央政府及教育行政管理部门的手中，而地方政府及教育行政部门则是贯彻执行中央制定的教育法律，地方教育行政管理体现的是中央意志。中央和地方的关系是垂直的领导关系，地方直接听命于中央。而教育行政管理的地方分权制指的

---

① 赵海侠，郭婧萱. 教育管理学 ［M］. 成都：电子科技大学出版社，2017：38.

是中央和地方分别负责领导和管理教育的权力，虽然地方政府听命于中央，但仍有一些地方拥有自主管理权。中央和地方政府所负责的管理范围略有不同，它们更多地表现出一种相对独立的关系，并不是明显的领导与被领导关系，而是一种相对平行的管理制度。法国是典型的教育行政管理中央集权式国家。法国教育事业是从国家事业的观念出发，建立代表国家权力的中央教育部，统一领导和监督全国的教育，其权力范围不仅包括制定全国教育的大政方针和政策，还包括统一确定各级各类教育机构的教学大纲、教学目标、教学方法、考试时间和内容，并管理公立学校的教职员工、制定公立学校发展规划、确定教育经费等。实行教育行政管理分权制的典型代表是美国，美国联邦宪法明确规定，教育行政管理的权限保留在各州政府。美国在"自治办教育"理念的支持下，各州和地方学区及州所规定的其他机关拥有管理教育的权力和责任，其中包括独立的教育立法权和制定教育政策权。美国联邦教育部对全美教育事务主要起指导、建议和资助作用，其职能是服务性的。

中央集权制和地方分权制这两种教育行政管理体制类型各有其特点。中央集权式的教育体制有利于制订与执行全国统一的教育方针与政策；对制订全面的教育发展规划具有重要意义；对于国家调整区域之间的不均衡发展，加大对经济欠发达地区的支持力度，具有积极的现实意义。另外，该制度还有利于全国教育质量的统一，使全国各地都能以此为依据，对教育质量进行考核。但是，这种集权式的行政模式也存在一些弊端，例如它很可能会导致各地不顾教育行政管理的具体情况，强行采取一模一样的做法，从而影响各地的教育行政管理工作开展；教育行政权力过于集中，不能充分发挥地方的积极性，地方政府可能会推卸责任；实行中央集权制会降低地方自治程度，这在客观上造成了地方教育行政工作会趋于保守和僵化，以至于行政管理缺乏活力与弹性，从而影响教育行政管理工作效率的提升。教育行政分权制度的优势在于：地方政府对发展教育负有直接责任，可以根据当地的实际情况对教育行政管理进行相应调整，使教育发展更符合当地发展；地方政府及教育管理部门对教育工作的管理，可以使教育工作的积极性、主动性、创造性得到最大程度激发和实现；地方对教育事业实行自主权，使地方能够及时处理并做出与教育相关的问题，这就能够防止出现凡事都过问事中央的情况，从而提高教育行政管理政策的实效性和针对性，使得教育行政管理工作更加符合社会发展需要，促使中央更好地发挥宏观指导或管理的职能。地方分权制的教育行政管理有以下缺点：教育行政体制过于松散，难以统一政令、统筹考虑、统一标准、统一规划；由于地区之间社会经济文化发展水平的差异，人们对教育的理解也存在差异，从而导致地区之间的教育发展不平衡；地方政府实行独立管理，削弱了中央对地方的控制力，不利于地方间的交流和合作。

因此，中央集权制和地方分权制这两种教育行政管理体制类型互有长短、各有利弊。当然，这两种体制各自的利弊只是一种外在的现象，真正认识到造成这些利弊的内在原因还需要做更为深入的分析研究。应该看到，一个国家教育行政管理体制形成的原因是多方面的，促使一个国家进行教育行政管理体制改革的因素也是异常复杂的，这些因素在不同的国家、不同的时期所起的作用和表现形式也不尽相同。正是由于教育行政管理体制对一个国家或地区的教育发展至关重要，所以历来为各国教育管理学研究者所关注。研究者们围绕教育行政管理体制类型问题有不同的见解，展开了不少的争论，但也存有一些基本的认识，这些认识包括：

（1）一个国家究竟是采取中央集权制度还是地方分权制的教育行政管理，都是与本国的政治、经济、文化等发展相关，由本国的国情所决定。因此，教育行政制度改革，并不是一件容易的事，需要根据国家需要而改变。

（2）从优缺点两方面来看，两种体制各有利弊，很难断言孰优孰劣。不同的价值评价观，对于教育管理领域中的具体问题会产生迥然相异的评判。例如，从中央集权的教育管理体制角度来说，统一各种教育评估标准不仅有助于保证教育的质量，也便于教育评估者的具体操作。但从分权制的教育行政管理体制角度来看，就会发现很多不足：实行统一的标准，全国一刀切，没有照顾到各地千差万别的教育条件与特点。所以，对这两类教育管理体制的利弊，不可偏执一端，不可因为一定时期某些改革的需要，过度推崇某种类型的体制，而极力贬斥另一种类型的体制。从教育管理体制变革的历程看，由于一个国家在不同历史时期的政治、经济、文化和社会发展模式的变化，很多国家在该领域时常表现出集权与分权的周期性变化。

（3）教育行政管理制度并不能完全解决教育方面的一切问题，它更多涉及国家的教育制度、政策和管理方面事宜，而对于课堂教学却没有太大的影响，要想真正提升课堂教学的质量，学校必须从提高课堂教学效率着手。

2. 从属制和独立制

根据教育行政管理与国家的联系，可以将其划分为从属制和独立制两种类型。教育行政管理从属制也被称为教育行政管理完整制，它的主要表现是各级教育行政管理机构从属于各级政府，听令于政府的命令和派遣，不能脱离于政府，要依照政府的指令进行一系列工作。比如，我国的各级教育委员会或教育厅（局）听命于各级政府，根据各级政府领导人的指示专门负责教育行政管理工作。而教育行政管理独立制也被称为教育行政管理分离制，它通常被用于地方教育行政管理，它的意思是地方教育行政管理机关从一般行政中脱离出来，成为一个独立的组织。它不属于地方政府的一个职能部门，也不接受地方政府首长的领导，而是直接向所在地区的代议制机构负责，如美国的地方学区制。

从属制与独立制的教育行政体制有其优缺点。从属制的优势在于从整体上看，教育行政部门是政府的一部分，有利于政府对教育进行整体规划，使其与国家经济、社会发展相适应；在政府的指导下，教育行政部门进行教育管理，使其可以更好适应社会变化，增强其权威性。教育行政管理从属制的缺点在于，因为教育持续时间长但效果缓慢，所以政府会优先考虑其他工作，而忽略了教育工作，尤其是在政府财政状况艰难的时候这种现象会更加明显。因为领导干部的任期有很大的局限性，这就很容易造成他们追求教育管理中的短期效益，忽略了教育的特殊性，不遵守教育规则，从而给教育发展造成不利影响。教育行政管理独立制的最大优势在于，教育变成了独立的社会公共事务系统，一般的行政无法对教育造成阻碍，有利于提高教育管理效率，防止外行领导试图指导教育管理工作。但其最大不足是教育行政管理独立制不利于提高政府的参与积极性，使其不愿为教育行政管理与其他社会事业协调所努力，教育行政管理无法获得政府的大力支持，容易在发展时受到阻碍。

3. 专家统治制和非专家统治制

依据教育行政管理决策权是否由教育专家掌握，可以把教育行政管理体制分为专家统治制和非专家统治制。所谓教育行政管理专家统治制是指教育行政管理机构中的领导者特别是教育行政决策者主要是由教育专家担任，这类教育专家不仅从事过教育工作且取得过卓越的成效。教育行政管理非专家统治制是指教育行政管理首长或领导者由非教育专家担任的制度。

教育行政管理的专家统治制和非专家统治制也各自有利弊。教育行政管理专家统领制度的主要优势在于它有利于教育主管人员专业化，提高教育工作的科学化，注重教育发展，遵循教育规律，从而更好促进教育管理工作进行。这种制度的缺点主要表现在：往往只关注教育自身的各个层面，而忽略了教育与外部环境的关联，造成了教育管理的片面化和狭窄化。教育行政非专家管理制度的优势在于它有助于加强教育与社会的联系，调动整个社会对教育的关注；促进学校、家庭、社会等各个层面的沟通，营造出良好的教育氛围。其缺陷表现在非专业人员不考虑教育的特性与规律，盲目决策；但由于非专业人士在教育管理中常常代表特定团体的利益，使得其在教育管理决策中极易受到不同利益团体的左右，进而影响到教育管理的效率和决策。

二、教育行政管理体制的改革

(一) 教育行政逐步走向均权化

纵观世界各国的教育行政管理体制改革，教育行政管理权力和责任的重新审视与划分，是教育行政管理体制变革的一个至关重要的方面。这或许是由于世界各国在教育领导和管理实践中，充分认识到教育行政管理权力的过度集中或权力的过度分散，都会对教育发展和运行产生阻碍，权力的适度调配对于教育发展具有重要价值和意义。因此，为了加强中央政府对教育的统一领导和管理，同时又充分发挥和调动地方政府办教育的积极性和主动性，在世界各国之中，实行教育行政管理中央集权制的国家正采取有效措施，提高地方政府的教育行政管理能力和统筹协调能力，赋予地方政府和学校更多的领导和决策权限，以提高教育行政效率和办学质量。与此相反，教育行政管理实行地方分权制的国家则在采取措施，将涉及全国利益的教育事务归由中央统一管理，逐步加强中央的权限和领导协调作用。也就是说，无论是实行教育行政管理中央集权制的国家，还是实行地方分权制的国家，都在寻求一种适度的、中间的权力分布状态，即逐渐趋于均权化。在教育行政管理权力均衡化的状态下，中央教育行政组织机构负责制定全国统一的教育方针、政策、教育制度等，地方政府则根据国家制定的教育方针、政策或标准，根据地方的现实情况和实际需要，拟定具体方案并付诸实施。

重新审视中央政府在国家的教育领导和管理的权力的范围和限度，并合理的下放或集中一些权力和责任，是世界各国教育行政管理体制改革共同关注的内容。尤其是在新公共管理理论的影响下，中央政府在国家公共行政管理的角色和作用重新受到审视，就教育行政管理领域来说，曾经实行强有力的中央集权的中央政府开始把基础教育行政管理的权力下放给地方政府，加强对基础教育管理的宏观方向和对教育发展质量进行评价，并为基础教育的发展提供充足的经费和政策支持。而一些实现地方分权制的国家，中央政府也开始集中一些国家教育发展的必要权力，以便能够统筹国家整体的教育发展进程。

(二) 教育行政改革趋向科学化

随着管理科学、领导科学、决策科学、系统科学等理论的发展与成熟，公共管理实践逐步从经验管理走向科学管理，管理的科学化程度得到很大提高。在教育行政管理领域，借鉴先进管理理念和技术提高教育行政管理的科学化水平，是教育行政管理体制改革的一种发展趋势。这一发展趋势主要表现在重视教育的计划性、管理的科学性和教育科学研究等方面。

随着世界经济、科学技术的迅猛发展，世界各国的教育发展速度不断提高、规模不断扩大。为了进行有效管理，实现教育发展目标，就必须从整体上制订全局性的教育事业发展计划或规划。因此，为了制订合理的教育计划，许多国家在其教育行政管理机构设有专门的机构研究或制订教育计划。

目前，世界上许多国家都在推行各种教育方案，而且其内容和方式都在不断扩展。有些是单独制定国家教育发展计划，有些是将教育发展列入全国统筹规划，有些是将教育发展与社会发展规划结合在一起。教育发展计划分为全国性和地方性两种，也可以分为长远性、中期性和短期性。教育规划还涵盖了不同层次的教育，比如从学前教育到终身教育等，对人的一生发展做出了明确规划。

各类教育的快速发展导致教育行政事务的倍增和繁杂，这就需要教育行政管理人员学习和掌握先进的管理理念、技术和手段，以提高教育行政管理的科学性和有效性。为了实现教育行政管理的科学化，世界各国都努力采取各种措施，加强培养教育行政管理方面的专业人才，并对在职教育行政管理人员进行专业培训，其中包括先进的管理理论和教育理论的学习，管理技术和手段等实践方面上的技能训练，使教育行政管理人员能够提高自己的理论素养和实践能力。例如，美国许多大学的教育学院都开设有教育行政管理专业，以培养未来教育行政管理的专业人才，同时还设有完善的在职进修制度，为在职教育行政管理人员提供学习进修的机会。法国教育部还设有行政人员教育科，专门负责教育行政管理人员的培训工作。

随着现代教育的社会化程度不断提高，很多教育问题也变得更加复杂，而这些复杂的问题仅靠教育工作者的个人经验与主观判断是无法解决的。为此，必须建立专门的教育科研组织对不同层次的教育进行客观研究，从而找出解决各种教育问题的方法。为了实现这一目标，世界各国从中央到地方，在各个教育部门设立了一些科研院所，对教育进行各项基础性和经验性进行研究，用科学理论来指导教育管理。除了进行教育科研以外，这些科研单位还肩负着教育顾问的重任，为教育政策的制定提出了多种具有指导意义的方案，因此，教育的政策、计划、标准等都是由专家们制定出来的。

（三）教育行政改革趋向法治化

现代社会进步的一个重要标志就是法治社会的日益显现。系统的、完备的法律体系是世界许多国家进行公共行政的主要依据，作为国家公共行政的一个重要领域，努力完善教育法律、法规体系，做到教育行政管理法治化是教育行政管理改革的一个必然发展趋势。

长期以来，由于国家的教育法律、法规不健全或者对现有教育法律、法规的漠视，各级教育行政机构最高领导者的权威、经验和指令，往往是教育行政管理人员进行教育行政管理活动的主要标准和依据，这种教育行政管理的人治行为导致了教育行政管理权力的不恰当利用。为了扭转教育行政管理的人治行为，使其逐步走向法治化的道路。最近几年，世界上许多国家的教育行政管理体制改革，都是以教育立法的方式将国家的教育方针和政策确定下来，以确保教育行政管理所采取的措施是正确的，以此来保障和推动教育事业的改革与发展，从而提高教育行政部门的权威。各国也都根据自己的宪法，制订了一系列关于教育行政的法律。

（四）教育行政改革趋向民主化

随着社会的不断进步和文明程度的不断提高，世界各国在教育管理活动中日益注重民主参与和民主管理，通过建立、健全教育审议制度或建立教育咨询机构，加强教育行政的民主管理，促进教育决策和教育立法的民主化、科学化，从而体现教育的社会性、公共性、公平性特征。

世界各国教育行政机关都设有种类繁多的审议或咨询机构。这些审议和咨询机构对教育发展所面临的一些复杂的专业问题、教育行政管理机构的政策和行为进行研究，并把这些研究成果主动提供给教育行政机关，为其进行科学决策提供有益的参考。同时，还接受教育行政机关一些重大决策问题的咨询，提供各种意见和建议。为了充分发扬民主精神和体现民主参与教育决策的广泛性和真实性，达到集思广益的效果，这些教育审议或咨询机构组成人员除了专家学者外，也包括教职员和社会各界人士、专业团体代表等。

第二节　教育机制理论与改革

一、教育机制理论

（一）教育机制的含义

教育机制指的是教育现象各部分之间的相互关系及其运行方式，这种运行方式可以把教育的各个部分联系起来，统一起来，使教育能够发生作用。为了使我们对教育机制含义的理解得以成立，根据对机制含义的分析，我们就要考察教育各部分之间是否存在着相互关系，这种关系是否满足一定内在联系或联系方式之中三个条件。然而，由于事物或现象各部分的相互关系总是体现在一定的联系或联系方式之中，下面让我们仅从这教育现象是否由各个部分组成，以及这些部分之间是否具有内在的联系或联系方式两个方面对教育机制这一现象进行分析或考察。

首先，考察教育这种现象是否由各个部分组成。教育现象是由各种子教育现象所组成的。然而要全面、系统而准确地说清楚教育现象到底由哪些子教育现象所组成，这的确是一个不太容易的事情。我们可以从不同的角度对教育现象进行分析从而得出不同的教育现象结构框架。我们试从教育实施现象和教育管理现象两个方面来对教育现象进行分析。在教育的实施现象中，从层次上看，有宏观教育（一个国家的）、中观教育（地区或某一方面的教育）和微观教育（学校内部的教学和德育）；从阶段上看，有学前教育、初等教育、中等教育和高等教育；从内容上看，有普通教育、职业技术教育和特殊教育；从对象上看，有儿童教育和成人教育；从形式上看，有正规教育和非正规教育；从范围上看，有家庭教育、学校教育和社区教育；从主办者来看，有公立教育和私立教育；从地域上看，有发达地区教育、欠发达地区和不发达地区教育；从历史与逻辑统一的观点来看，有教育活动、教育体制、教育机制和教育观念。在教育管理现象中，从大的方面来说，有教育行政和学校管理。在教育行政中，有中央到地方（包括省、自治区、直辖市和市、地区、县、乡）各级教育行政；在各类教育中，有教育人事行政、教育财务行政、教育业务行政（包括教学、思想政治教育、体育卫生、招生和学生就业、教育的对外交流等）和教育督导行政等。在学校管理中，有管理体制（指管理机构与管理制度）、管理内容、管理过程、管理方法和管理的主客体等。由上述分析可见，教育现象确实是由不同的部分所组成的。

然后，考察教育现象各个部分是否具有一定的关系，即考察这种关系是否有一种内在的联系为了使我们对教育机制有一个更全面的认识，让我们分别从教育现象各部分的内在联系和联系方式两个方面对教育现象各部分的相互关系作一考察。首先看教育现象各部分的内在联系。从教育实施现象和教育管理现象的关系来看，它们之间存在着某种内在的联系，因为教育实施现象是教育管理现象的对象，教育管理现象是教育实施现象的保障。在教育实施现象中，各级各类教育现象也有着内在的联系，因为各级和各类中的每一种教育都是以他种教育的存在为自己存在的前提的，即使每一种教育中的因素也有着内在的联系。如教学活动中的教师与学生和教学媒介之间也是有内在联系的，因为教师的教和学生的学是以教学内容、教学方法和教学媒体为中介而展开的。在教育管理现象中，教育行政与学校管理也是有内在联系的。由于教育行政对学校的作用主要是通过学校的管理来实现的，而学校管理主要依赖于教育行政，因此教育行政不能离开学校管理，而学校管理也不能离开教育行政。

从各级各类的教育行政来看，各级教育行政形成了一个梯级结构，而各类教育行政由于存在着相互影响而使各类教育行政之间形成一定的联系。在学校管理中，管理中的人（主客体）总是在一定的学校管理体制中，运用一定的管理方法，在一定的管理过程中作用于一定的管理内容而从事自己的管理活动的。因此，学校管理中的各要素也存在着一定的内在联系。由上述分析可见，教育现象各子现象之间的关系确实是一种内在联系的关系。再看教育现象中各部分内在联系的方式。一般来说，事物和现象有一定的内在的联系，就会有一定的联系方式而将这些事物或现象联系起来。所以，教育现象各个部分之间的内在联系方式是不言而喻的。然而这些客观存在的方式到底是哪些方式，对此人们并不清楚，因此我们有必要分析教育现象中各个子教育现象内部联系的具体方式。找到了这些联系方式，教育机制就会更加清晰明了。

（二）教育机制的类型

1. 教育的层次机制

教育层级机制是指从层级范围上对教育现象中各个要素之间的联系和运作模式进行研究的一种机制，它包括宏观机制、中观机制和微观机制三种，下面将分别叙述这三种机制的基本知识。

宏观教育机制是从组织的上层开始，以整齐划一的方式将教育的各环节有机结合在一起，以达到教育的功能。宏观不仅是指大和高的层面，还包括统一的范围和层次。比如需要把整个国家、地区、学校以至班级的教育都统一起来，由上到下按统一的方式管理教育，使各个部分的教育机构更好发挥作用，得到令人满意的教育效果，这些都可以被看作是宏观教育机制。宏观教育和宏观教育机制是不一样的。一般而言，一个国家、一个地区的教育是宏观的教育，但宏观机制由于强调的不仅是范围和层次，而且强调的是在一定范围和一定层次上教育的统一，所以无论是哪个范围和哪个层次上的教育，只要采取的是整齐划一的方式，都可视为宏观的教育机制。例如，一个班主任或一个任科教师从全班的角度考虑实施某种教育措施，这种做法从机制的角度也可视为是一种宏观的教育机制。从活动层面来说，这种机制一般是与独裁式的工作作风相联系的。喜欢一个人说了算的领导和教师，比较倾向于用整齐划一的方式将其管辖范围内的教育统整起来使之发挥作用。例如，在课堂教学中，在以

"教师为中心"的教学模式下，学生都要听从于教师，从教育机制的角度来说，这种教学体现的就是宏观的教育机制。从体制上来说，这种宏观教育机制一般是与集权的体制相联系的，因为只有这种集权的体制才有可能将教育的各个部分统一起来使之发挥作用。又如我国改革开放以前的体制基本上是一种集权式的体制，其典型的特征就是出台一个教育政策要求全国上下统一贯彻执行。从观念上说，这种机制所体现的是个人服从组织、下级服从上级的管理观念。

中观层次的教育机制是从中等层次开始，以统一的方法把教育整合在一起，以达到教育目的。比如，从区域的角度出发，把国家教育的每一个环节都整合在一起并发挥其功能，这就是中观机制。再比如，对于区域而言，若从学校这个层次着手，将区域内的各方面的教育整合并发挥其功能；与学校相比，若从班级入手，则可将学校方面的教育整合并发挥其功能；对于班级而言，假如从小组开始，将整个班级的教育部分整合在一起，从而起到一定的教育效果，这些都是中观机制。总体而言，从行动层次看中观机制与政府工作风格的民主化和中央集权制度密切相关。说是强调民主，是因为这种机制比较注重中层的积极性；说是强调集权是因为这种机制也强调中层各个方面步调一致或整齐划一。在体制层面上，这种机制是与合作制的体制即既强调分权又强调集权的体制相联系的。说是强调分权，是指这种机制不是强调高层而是强调发挥中层的作用；说是强调集权，指的是这种机制强调的是中层这一范围内各个方面的集中统一。在观念层面上，这一机制反映的是既强调自主又强调服从的教育管理观。所谓自主是指把重心放在中层上，就全国、地区、学校和班级来说，地区、学校、班级和小组这些中层就会有一定的自主权；所谓服从是指，在中层内部的各个层级之间下级还是要服从上级，个人还是要服从组织。

微观机制就是要从教育的各方面入手，把各方面的积极性都调动起来，才能使教育真正起到应有的作用。其特征之一是基层性和个体性。即它将关注的焦点放在某个层面的每个基本构成单元上，并以此为基础充分调动每个基本单元的主动性，从而实现整个教育系统的功能。比如，在整个国家范围内，动员各个区域的教育资源；与某一区域相比，调动每所学校的主动性；与一所学校相比，怎样激发每个班级的学习热情；针对每个班级，如何充分调动每个组的学习热情；与每个小组相比，充分调动师生的积极性等等。这都是教育的微观机制。教育的微观机制关注这几个层次和中观机制关注这几个层次的含义不同。中观教育机制将重点放在这几个层次上，就是要将这几个层次上的所有教育都做到统一性和一致性，而微观教育机制将重点放在这几个层次上，就是要强调组成这几个层次的教育的各部分的主动性和独立性。从活动层面上来说，很显然这种机制一般是与民主的工作作风相联系的。例如，在课堂上，一个教师不是从全班的角度，而是从每一个小组的角度或从每一个学生的角度来组织课堂教学；从教育机制的角度来说，教师采用的机制就是微观的教育机制。从这一意义上来说，从教育机制的角度来看以"学生为中心"的教育主张，这种教育主张实际上采用的是微观的教育机制；从体制层面上来说，这种机制与分权制的体制相联系。

2. 教育的形式机制

教育的形式机制是从形式的角度来考察教育现象各部分的相互关系及其运行方式所得出的机制。它包括行政—计划式的机制、指导—服务式的机制和监督—服务式的机制三种。

（1）行政—计划式的机制

行政—计划机制是通过管理与规划的方式对教育系统中的每一个环节进行整合进而发挥教育作用。行政的手段就是通过制定政策、检查、开会、汇报等手段，真正了解和掌握教育的各个方面，从而实现教育的运作；计划的手段就是通过调整招生指标和政府资金等方式，把教育的各个方面统一起来，使教育能够运转。中国人对行政—计划的方法并不陌生，生活中的很多方面都会应用到这种手段。但是运用行政—计划手段需要明确上下级观念，下级组织要准确履行上级所下达的指令，将各项指标落到实处，这样才能真正发挥教育的作用。一般来说，在活动层面上，这种机制一般与专断的工作作风相联系。具有专断式工作作风的领导比较喜好用行政和计划式的手段来抓教育方方面面的工作。在体制层面，这种机制一般是与集权的体制相联系的，行政和计划式的手段是集权式体制的一个重要特征，集权式的体制主要是采取行政和计划式的手段来推动各方面的教育工作的。中国是一个有着悠久历史的集权式的国家，即使在1978年改革开放以后，虽然在体制上作了一些改革，但在主导方面还是一个集权式的体制。所以，中国主要还是采用行政和计划式的方式推行教育改革。在观念层面上，由于这种机制强调的是下级服从上级，下级基本上没有多少自主性，所以这种机制体现的是一种服从式的教育管理观。

（2）指导—服务式的机制

指导—服务模式就是以指导与服务相结合的方式整合教育的各个环节以达到有效运作的目的。它不同于行政化的机制方式，不是运用计划或行政手段管理教育。而是管理者仅仅是向被管理者提出建议，被管理者可以自行决定是否采用；管理者向被管理者提供服务支持，帮助被管理者提高自身能力，扩大他们的眼界。一般来说，这种机制在活动层面上是与民主式的工作作风相联系的。如在教学中，如果一个教师的教学比较民主，在教学中把学生放在主体地位，教师的作用只是为学生提供指导和服务，那么这时候教师所采用的教育机制就是指导—服务式的机制。杜威所倡导的教师围绕学生转的教育思想所体现的教育机制正是这种指导—服务式的机制。在体制层面上，这种机制所体现的是分权式的体制。美国是一个较为典型的地方分权制国家，其在全国范围内的教育行政以指导和服务为主。美国作为一个教育发达的国家，其教育模式已发展得较为完善，指导—服务式的办学模式对于我国的办学实践具有很好的借鉴意义。由于运用这种机制的管理者对被管理者只是指导和服务，被管理者有较大的主动权决定自己干什么和怎么干，很明显，这种机制在观念层面上体现的是一种自主性的管理观念。

（3）监督—服务式的机制

监督—服务式的机制是指通过运用行政—计划机制和指导—服务机制两种方式对教育的各组成部分进行整合并使其有效运行。在具体的教育工作和教育管理实践中，监督—服务机制得以广泛应用。这是因为教育不是一成不变的，其有时需要基于机制相应发生变化，所以行政—计划机制和指导—服务机制会一同使用。教育改革中形式机制的运行状态一般会呈现出要么采用的是以行政—计划式的机制为主，以指导—服务式的机制为辅的机制，要么采用的是以指导—服务式的机制为主，以行政—计划式的机制为辅的机制。从活动层面来说，这种机制是与既体现民主又体现独裁"权变"式的工作作风相联系的。例如，一个教师在课堂教学中既考虑到对全班的统一要求，又考虑到不同学生的特殊情况；既发挥教师在全班组织教学中的主导作用，又注意调动每个学生的积极性。教师这时运用的就是监督—服务式的教育机制。从体制层面上来说，这种机制体现的是"权变"的体制，既强调集权又强调分权。

3. 教育的功能机制

教育的功能机制是从功能的角度考察教育现象各部分的相互关系及其运行方式所得出的机制。它包括激励机制、制约机制和保障机制。

（1）激励机制

激励机制就是通过激励的手段来激发教育中各方的积极性进而更好把握教育并使其有效地发挥作用。这里所说的激励手段主要分为我国的思想激励手段和西方的行为科学激励手段两种。这二者的区别在于一个是提高思想觉悟，从人的自觉意识出发，另一个则是在实际中满足人的需求，从现实需要出发。

一般来说，在活动层面上，这种机制是与民主式的工作作风相联系的，因为只有具有民主的工作作风，才有可能做到不是领导者或管理者一个人说了算，从而调动各方面的积极性来做好教育工作。在体制层面上，这种机制是与分权式的体制相联系的，因为只有这种体制才有可能不只是发挥中央一个方面的积极性而是调动各方面的积极性来办好教育。在观念层面上，这种机制是与自主性的教育管理观相联系的，因为只有强调自主性，教育方方面面的积极性才有可能调动起来。

（2）制约机制

制约机制是指用制约的手段发挥制约的功能，将各方面的教育整合起来使之发挥作用。这种制约从纵向上来说，有上级对下级的制约、下级对上级的制约以及平级之间的制约；从形式上来说，有行政制约、法律制约和舆论制约。从活动层面上来说，这种机制是与独裁式或民主式的工作作风相联系的，因为独裁式的作风比较倾向于采用行政制约的方式，由上级对下级进行监督，而民主式的作风比较倾向于采用法律制约和下级对上级或平级之间的制约。在体制层面上，这种机制是与分权制或集权制的体制相联系的，因为分权制的体制在纵向上一般倾向于下级对上级或平级之间的制约，在形式上一般倾向于采用法律监督和舆论监督，而集权体制则比较倾向于在纵向上采取上级对下级的监督，在形式上采取行政监督。在观念层面上，这种机制是与服从式的教育管理观念或自主性的教育管理观念相联系的。服从式的教育管理观念一般会采用上级对下级的监督和行政的方式进行监督，而自主性的教育管理观念一般在纵向上会强调下级对上级、平级与平级之间的监督，在形式上会采用行政式的方式进行监督。

（3）保障机制

保障机制就是利用保证的方法把教育的各个层面统一起来并使其有效地运行。保障机制主要通过三个途来实现：一是为学生提供资金和教学用具等物质条件；二是保障思想引导，做好政策扶持，为学校教育提供良好的精神环境；三是提供经营模式和服务模式。在教育的实际运作中通常三个方面会共同运用，但也可能只有一个或两个方面共同运作。即要将教育的各个部分统一起来并发挥其功能，一般都需要三种方法一起运用，而有的时候，只需要一种或两种方法就可以将教育的各个部分统一起来使其正常运转。在活动层次上，保障机制与工作作风关系密切，虽然有些管理者是民主式，也有一些是独裁式，但不管是哪一种风格的管理者，都需要保障教育管理工作的有效性，只是有时会提供精神保障，有时会提供物质保障或是经营、服务等。在制度层次上，它与地方分权和中央集权两种制度有着密切的关系，因为不管是什么制度都要保障制度下的教育管理工作顺利进行。在思想上，它与自主式的教育管理观和服从式的教育管理观有关，因为不管是哪一种教育管理观，都需要多种形式的保障措施来配合教育管理工作，从而使教育工作发挥作用。我们不能说仅仅是服从性的教育管理观念才需要上级组织保障下级组织，而自主性的教育管理观念虽然自己有一定自主性，但这并不代表不需要其余部门保障它的教育管理工作进行。

二、教育机制的改革

(一) 教育机制改革的内涵

教育机制改革指的是探索和发现新的教育机制、修正和转换错的教育机制及调整和完善已有的教育机制三个方面。以下对这三个方面的教育机制改革分别进行分析。

1. 探索和发现新的教育机制

探索和发现新的教育机制是在教育改革的过程中发现过去没有的教育机制。通常来说这样的发现只有两种。第一种情形就是要对已有的东西或者现象进行探究并找出其中的机理。对于已有的事物或情况，并不是所有人都曾对其机制展开过深入研究，因此在进行教育机制改革的时候，最重要的是要注重探索并找到那些已有事物中还没有被发现的教育机制。具体来说，比如教育管理现象中的教育机制、教学方式中的教育机制、教育手段中的教育机制等。这种教育机制过去并没有引起人们的重视。因此，在改革过程中要注重研究过去被我们所忽略的教育机制，对其进行深入研究。第二种情形是，教育变革中产生了某些新的教育现象，虽然它是适应时代变化所产生的，但其自身还会有一定限制，所以需要研究这些新机制并加以改进，从而变成与教育现象相适应的教育体制。例如，民办教育是我国改革开放以后出现的一种新的教育现象，为了使我国的民办教育得到更好的发展，就要对民办教育的运行机制进行研究，并在教育改革过程中建立民办教育的运行机制。

2. 修正和转换错的教育机制

所谓的修正和转换错的教育机制指的是在教育改革的过程中对那些尽管是教育机制但却存在着某些错误的教育机制进行修改和转换，也就是这些教育机制并没有正确地将教育现象各环节间的关系和内在联系反映出来。人们对于教育机制虽然一般都存在正确的认知，但是人不会一直做正确的判断，总会因为各种各样的因素导致认知出现偏差，从而对教育的机制造成错误认知。在进行教育机制改革时要重视纠正那些因认知偏差而形成的机制，使其向正确的机制转变。比如，过去人们总是把计划经济与社会主义等同起来，认为社会主义应该发展计划经济而将市场经济隔离在外，认为社会主义不能发展市场经济。现在，我们已经意识到社会主义也可以发展市场经济，或者说它的实质就是市场经济。所以，现如今我国也发展市场经济。因此，在我国的改革进程中必须纠正过去那种认为社会主义的经济体制仅仅是计划经济的错误观念，实现从计划经济向市场经济的转变。又比如，过去人们认为教育管理要重视管理教育对象，所以一般采用行政—计划式的机制，但现在人们意识到，教育管理应更重视服务，教育管理要转变以往的管理思想，提升服务意识。因此，在教育机制的变革中应注重让传统的行政化模式向服务化模式转变。

3. 调整和完善已有的教育机制

第一，过去对于教育管理工作的理解是片面的，这一问题亟待修正与改进。这种现象是指一件事情的各个方面都存在内部关系或影响方式，有时只有一种联系，但有时多种联系会同时存在，但人们通常往往只看到了一种联系方式，所以认为影响事物发展的机制就一种；或是事物内部关系过于复杂，人们只能看到一种联系，忽略或不懂另外的联系方式，所以，他们会错误地认为事物的机制就只有一种，但不把实际上已经存在的机制不当成事物或现象的机制来对待。比如，过去一般认为只有通过行政—计划的方法才能把教育现象中的各个环节连接在一起，所以，行政—计划的方法就是教育的机制。但实际上，将教育现象各部分连接起来的方式还有监督—服务式等，因此，教育的运作机制并不只有行政—运作机制一种。这种现象还可解释为，由于教育现象各部分的内在联系比较复杂，人们只认识到了这种联系的一种方式即行政—计划式，然而，由于缺乏对监督—服务模式的理解，所以限制了人们对教育机制的了解，所以我们要重新研究以前的机制，从而全面客观地看待教育机制，使之更加完善。

第二，它包括两类情况：一类情况，尽管人们已经认识到了很多的教育机理，但是尚未找到它们的内在关联，没有形成系统的框架，现有的一些教育机理并没有体现出它们与各种教育现象之间的内在关联，也没有能够真正发挥教育作用，甚至会影响教育效率，因此需要对它们的内在关联以及它们与各种教育现象的内在关联进行调节，从而形成相对完善的教育机理系统。比如，现在我们有许多教育的机制，比如宏观教育的机制、决策机制、制约机制、竞争机制以及教育资源分配的机制，但是我们还不清楚它们的内在逻辑联系。探索各种教育机制间的相互关系，构建较为完备的教育机制架构，以更好地体现出教育现象各个环节的内部关联，进而推动教育的正常运作与发展，是我们进行教育机制变革的一项重要工作。第二种情况，现有的教育机构相对健全，并已有了某种运作模式，但是因为一些事情或者现象的改变现有的机构或者模式无法与改变的环境相匹配，需要做出相应调整以更好地适应新的环境。自从改革开放以后，与教育机制紧密相连的各个方面，如教育活动、教育制度和教育理念，都有了巨大的改变，这种改变不可避免地会对教育机制产生一定的影响。

要使现有的教育体制与新形势相适应，就必须对现有的教育机制和运作模式进行相应调整。例如，新中国自成立至今，我国已经在宏观、中观、微观三个层面上形成了行政—计划、指导—服务、监控—服务机制，在运行机制上已经形成了激励、制约和保障机制等作用。但如何在我国不断变化的社会中运用这些机制使其能更加符合我国教育改革现状从而实现教育的可持续发展，是我国教育机制改革的重点。

（二）教育机制改革的基本规律

1. 教育机制改革的内部规律

教育机制改革的内部规律指按教育机制的内部规律办事，处理好教育机制系统内部各种教育机制之间的关系，一种教育机制的改革要与其他教育机制的改革配套进行。这种规律表现在如下两个方面。

（1）教育机制改革内部的应然规律

教育机制内部的应然规律有两类：一类是反映教育层次机制、形式机制和功能机制三类机制之间的内在的本质联系中的应然关系；另一类是反映教育机制中每类机制中的三种机制之间的一种内在的本质联系中的应然关系。这两类应然关系所反映的这三类教育机制之间以及每类机制中的三种机制之间的相互作用的特点是，起点单一、路径稳定。前者是按教育的层次机制作用于教育的形式机制，教育的形式机制作用于教育的功能机制这样一种方式来表达这三类教育机制之间稳定的、必然的联系。后者在教育层次机制中是按宏观机制作用于中观机制，中观机制作用于微观机制这样一种方式来表达这三种机制之间稳定的、必然的联系；在教育的形式中是按行政—计划式的机制作用于指导—服务式的机制，然后由指导—服务式的机制作用于监督—服务式的机制这样一种方式来表达这三种机制之间稳定的、必然的联系的；在教育功能机制中是按激励机制作用于制约机制，制约机制作用于保障机制这样一种方式来表达这三种机制之间稳定的、必然的联系的。按上述这些应然的关系来改革教育机制，在三类机制上就要先改革教育层次机制，再改革教育形式机制，最后改革教育功能机制；在每类机制中的三种机制上，层次机制就要先改革宏观机制，再改革中观机制，最后改革微观机制；形式机制就要先改革行政—计划式的机制，再改革指导—服务式的机制，最后改革监督—服务式的机制；功能机制就要先改革激励机制，再改革制约机制，最后改革保障机制。然而，在上述的机制改革中，无论是先改革哪一类或哪一种机制，都必须考虑与其他两类或两种机制之间的关系，都必须与其他两类或两种机制配套进行改革。如在三类机制中，改革教育的层次机制同时要考虑改革这一层次上的形式机制和这一形式机制所发挥作用的功能机制；在每一类三种机制的改革中，如改革层次机制中的宏观机制，就要同时考虑中观和微观机制如何配套进行改革。只有这样，按教育机制改革内部的应然规律所进行的改革才有可能取得好的效果。

（2）教育机制改革内部的实然规律

教育机制内部的实然规律也有两类：一类反映的是教育层次机制、形式机制和功能机制三类机制之间的内在的本质的联系中的实然关系；另一类反映的是每类机制中三种机制之间的内在的本质的联系中的实然关系。这两类实然关系所反映的三类社会机制之间和每一类中的三种机制之间的相互作用的特点是，起点是多开端的，路径是变动不居的。前者是按教育的层次机制、教育的形式机制与教育的功能机制之间相互作用这样一种方式来表达它们之间的稳定的、必然的联系；后者是按每类机制中的三种机制之间相互作用这样一种方式来表达它们之间的稳定的必然的联系。按这两类实然的关系来改革教育机制，在三类机制改革时，有时要先改革教育层次机制，有时可能先改革教育形式机制，有时还要先改革教育功能机制；在每一类机制中的三种机制改革时，也不是只从一种机制开始而把机制的改革限定在一条路径上。然而，在三类机制和每类机制中的三种机制改革中，无论是先改革哪一类或哪一种机制，根据我们上面分析的这几种机制之间存在的相互联系，都必须考虑与其他两类或两种机制之间的关系，都必须与其他两类或两种机制配套进行改革。如改革三类机制，先改革教育的层次机制，同时要考虑改革这一层次上的形式机制和这一形式机制所发挥作用的功能机制；先改革形式机制，同时要考虑与这一形式机制相适应的功能机制和层次机制；先改革功能机制，同时也要考虑与这种功能机制相配套的形式机制和层次机制；改革每类机制中的三种机制，如改革形式机制中的行政—计划式的机制，就要同时考虑这种改革对其他两种形式机制所带来的影响。只有这样按教育机制改革内部的实然规律所进行的改革才有可能取得好的效果。

2. 教育机制改革的外部规律

教育机制改革的外部规律指的是要按教育机制的外部规律办事，要处理好教育机制与教育机制以外相关范畴的关系。它也包括两种情况：一种是要处理好教育现象内部的教育机制与教育机制相关范畴的关系；第二种情况是要处理好教育机制与教育现象以外与教育机制相关范畴的关系。

（1）教育现象内部教育机制改革的外部规律

教育现象内部教育机制改革的外部规律是指要按教育现象内部的教育机制的外部规律办事。教育现象内部教育机制的外部规律指的是教育现象内部与教育机制相关的这些范畴之间的内在的、本质的联系。根据我们前面的分析，在教育现象内部，与教育机制有着内在本质联系的范畴是教育活动、教育体制和教育观念。所以，教育现象内部教育机制的外部规律反映的是教育机制与教育活动、教育体制和教育观念之间的一种内在的本质的联系。这种联系有两种关系状态：一种是应然的关系状态，另一种是实然的关系状态。应然的关系状态指的是由教育活动到教育体制再到教育机制最后到教育观念这样一个起点单一、路径稳定的作用过程；实然的关系状态就是一个这四个范畴相互作用的多开端的不稳定的过程。不管是实然状态还是应然状态，改革教育机制这个范畴，如果要按教育现象内部教育机制的外部规律办事，一方面就得考虑其他几个范畴如教育活动、教育体制和教育观念对教育机制改革的影响，也就说，教育活动、教育体制和教育观念变了，教育机制就要跟着发生变革；另一方面，在改革教育机制时，还要考虑教育活动、教育体制和教育机制的配套改革，因为教育机制变了，教育活动、教育体制和教育观念就要跟着发生变化。

（2）教育现象外部教育机制改革的外部规律

教育现象外部教育机制改革的外部规律是指按教育现象外部教育机制的外部规律办事。教育现象外部教育机制的外部规律指的是教育机制与教育以外的社会现象之间的一种内在的本质的联系。这种联系表现在两个方面。一方面，一定社会的政治、经济和文化影响或决定着教育的运行机制，社会的政治、经济和文化的不同，教育的运行机制是有差别的。例如，美国政治上的分权体制，经济上市场资源配置和文化上的多元性，使得美国的教育运行机制呈现出在层次机制上注重中观和微观机制，在形式机制上注重指导—服务机制，在功能机制上注重激励机制和保障机制的特色。由于我国在政治上实行的是集权体制，经济上是用计划来配置资源，文化上是传统的儒家文化占主导地位，使得中国教育的运行机制呈现出在层次机制上注重宏观机制，在形式机制上注重行政—计划式的机制，在功能机制上注重制约机制的特色。另一方面，教育的运行机制又具有一定的超越性，教育机制一旦形成又具有相对的独立性，它并不是随着社会政治、经济和文化的变化而马上发生变化的，它有一定的滞后性。同时，它对一定社会的政治、经济和文化又产生影响。例如，中国改革开放以后，政治、经济和文化状况发生了比较大的变化，然而中国教育的运行机制还比较明显地带有强调宏观机制、行政—计划式的机制和制约机制的特征。这些教育机制给中国的教育改革又带来了一些负面的影响。

总之，改革教育机制，一方面要考虑社会的政治，经济和文化状况对教育机制的影响，另一方面也要考虑教育机制对社会的政治、经济和文化的影响。只有这样教育机制的改革才有可能取得好的效果。

第四章　教育经营管理

在教育管理中，教育的经营管理占据重要的位置。本章首先分析了学校目标管理的相关内容，进一步探讨了学校组织管理的内容，最后详细地论述了学校公共关系的管理。

第一节　学校目标管理

目标管理是西方现代管理科学中一项十分重要的管理理论和方法，也是一项先进的管理制度，对提高管理效能具有巨大作用。美国著名管理学家彼得·德鲁克（Peter F. Drucker）于 1954 年在他所著的《管理的实践》一书中首先提出目标管理，之后经过许多管理学家的补充和发展，被许多国家广泛采用，20 世纪 80 年代开始引入我国。

一、目标与目标管理

（一）目标

目标是人们的行动预期要达到的结果，即个体、群体或组织的某一个行动所要达到的预想结果和标准。目标具有指向、推动和标准三大作用。目标与计划、指标既有联系又有区别。人们制订的各种计划以目标为依据，并以目标的实现为归宿。目标反映的是以可能性形式存在的结果，计划则是反映这种可能性的活动进程和"工艺"，指标是目标的数量化或具体化。

（二）目标管理

目标管理就是对目标实施的管理，是通过管理者及其成员确定合理的、明确的、可以考核的目标，然后运用管理的方法，使一切工作都围绕目标的实现而进行的管理活动。目标管理是管理者通过目标对所属组织、每个部门、每个成员实现目标的达成度进行监督和检查。目标管理的主要内容是以成果的设想为基础，把组织总目的、总任务转化为一定时期的具体的组织目标、部门目标和个人目标，积极创造条件，使这些目标融为一体。

二、学校目标管理基础知识

（一）学校目标管理的含义

学校目标管理就是对学校目标的确定、实施和评价的全过程管理。目标确定是核心，目标实施是中心，目标成果评价是手段。学校根据党的教育方针、任务和自身实际确定一定时期工作的总体目标和质量标准，学校各部门再根据总体目标标准制订本部门的工作目标和质量要求，内部成员再根据本部门的工作目标要求制订个人的工作目标和质量标准，从而形成学校目标体系和质量标准体系。在此基础上列出完成目标任务的时间表，采取有效措施控制工作进度，促进各部门及成员努力实现工作目标，再通过检查和评价目标成果总结经验教训。

（二）学校目标管理的特点

1. 面向未来
学校教育是培育人的、面向未来的、为学生未来的幸福生活作准备的事业。

2. 系统整体
学校教育在保证教学中心地位的同时，各项工作安排要统筹兼顾。

3. 重视成果
学校教育表现为教书育人、服务育人和管理育人的成果。

4. 核心是人的管理
目标管理的实质是调动人的积极性，学校目标管理的重心是教师。

（三）学校目标管理的作用

1. 指向作用
目标是管理工作的出发点和归宿，指向性突出。目标不明或目标错误，会使学校工作偏离正确方向。如果目标正确，工作效率越高，管理效能就越好；如果方向目标是负数，则工作效率与管理效能就成反比。即如果决策错误，目标不正确，工作效率越高，管理效能就越不好。

2. 推动作用

好的目标是具有一定难度并通过努力才能实现的。学校制定符合实际的、具有一定难度的目标才会对师生员工产生激励作用，推动他们为实现目标作出努力。

3. 标准作用

学校工作质量是全面具体的，包括学校领导的工作质量、管理者的工作质量、教职工的工作质量和学生的学习质量。学生素质是学校工作质量的集中表现，它涵盖了学生德智体美劳诸方面的要求，绝不仅是学习成绩的好坏和升学率的高低。要全面提高学生素质，就要对学校教育工作的质量提出一个明确要求，使之作为学校的目标。这个目标也就成为检查工作质量的尺度和标准。

三、学校目标管理的实施

学校目标管理的实施要从目标系统、组织机构、工作队伍、领导方式和管理措施等方面做好基础工作，教育学校成员树立整体观，形成合力点，才会收到良好效果。

（一）形成一致的目标系统

目标系统的整合一致主要表现在三个方面：一是管理目标与教育目标的吻合；二是学校总体目标和部门目标的一致；三是管理者和被管理者在目标上的整合。目标管理的实质在于使组织中所有部门及所属成员致力于实现总体目标。在实现总体目标的过程中，必须实现部门目标和个人目标，使三个目标协调统一，形成一致的目标系统。

（二）建立高效的组织管理系统

学校目标的实现必须建立一套高效能的组织管理系统。一所学校如果没有互相联系而又各自承担职责的组织机构，就不可能把学校办好。学校管理活动应在明确目标的前提下，实行分层管理，促使各组织机构工作协调，有序运转。组织机构的建设必须做到层级分明、职责权明确、形成有机协调的体系。学校决策层是以校长为主，主要职能是计划决策，如制订计划、贯彻方针政策、提出任务、安排人员、把握方向等。管理层是各处室主任，主要职能是当好校长的助手，组织实施学校意图，作出的决策，发布指令，检查、指导、协调部下工作等。执行层主要是教研组，完成本教研组的工作任务。基础层是教职工，要求自己管理自己，完成具体任务和个人目标。

（三）组建高水平的工作队伍

学校的组织机构健全后，还需组建配套的高水平工作队伍，才能有效完成学校确立的总体目标。这些工作队伍包括领导班子队伍、行政管理队伍、教师队伍、总务后勤队伍等。学校应把思想好、水平高、能力强、干劲大、能研究、善决策的人员充实到工作队伍当中。

（四）实行民主集中制的管理方式

实行民主集中制的管理方式，最能体现学校教职工和学生是学校的主人，最能调动学校成员积极参与学校管理活动，最能发挥学校管理者的主动性，最能促使学校上下形成一条心、共同办好学校的优良风气。学校实行民主集中制的管理方式，应体现在以下三方面：一是学校领导不搞"一言堂"，能主动广泛征求和听取师生员工的意见；能充分发挥各方面人员的聪明才智，善于集中他们的智慧和力量；敢于在民主讨论的基础上果断决策；能同师生员工打成一片，深入群众；能虚心接受来自群众的监督和批评；能建立一套切实可行的组织制度。二是学校师生员工敢于提出办学建议和批评意见；乐于贡献自己的力量，为办好学校施展自己的才能；能自觉服从上级的正确决定和组织的安排；具有当家作主的主人翁精神和责任感。三是学校的一切大事必经学校成员的民主讨论，然后再作决定，把民主集中制原则贯穿于学校管理过程的始终。

（五）运用科学化的管理策略

学校工作的特点是脑力劳动占优势，工作周期长，工作对象和"产品"都是人工作创造性大，可变因素多。学校领导和管理者要实现学校管理科学化，必须以管理科学理论为指导，运用现代管理原理来设计学校管理工作的程序，预测和控制各项工作的进程，建立完善的组织管理系统，如决策指挥系统、执行系统、反馈系统、监督系统等。充分运用现代技术设备和条件开展管理，运用数量统计和数量分析的方法，获取确切数据，进行数据处理分析，作出定量定性的价值判断，提出切实可行的管理措施，以科学的精神指导工作，不能单凭个人的直觉印象和个别例证去分析和解决问题。

第二节　学校组织管理

一、组织的相关知识

（一）组织的含义

所谓组织，就是人们按照一定的目的、任务和形式编制起来的社会机构，是处于一定社会环境中的各种组织要素的有机结合体。①

社会性是人类所特有的特征，而组织化又是人类超越其他动物的一种动力源泉。组织是人类生存发展的基本方式，是个体与社会连接的桥梁。通过各种不同的组织，可以把个人纳入社会的群体网络之中，把具体的个体与社会紧密地联系在一起。

组织产生于人类的生产和生活的需要，它是社会的基本细胞，是人们超越个体能力局限的基本工具。无数个规模不同形状各异的社会组织相互交织、有机排列，构成了社会的总体结构。从整个人类发展的历史长河来看，家庭、氏族、部落等最初的人类组织以及后来阶级产生以后的国家都是人类社会不同的组织形态。

（二）组织的作用

组织在人类社会发展和个体发展中具有十分重要的作用。具体表现在如下四个方面。

1. 达标作用

组织首先是具有特定社会功能的人类共同体。在这个共同体中，人类通过共同确定组织的目标，并且动员和配置组织内外各种资源来达到组织的预定目标。所以，组织的首要作用就是确保组织预期目标的实现。

管理总是围绕各种各样的目标来展开的。没有目标，管理就会失去明确的前进方向，就无法评价管理的绩效。而管理的目标达成，是要依赖一定载体的。建立组织，建立组织活动的规则，按照一定的规则来分配任务，并且按照任务完成的效果来进行激励，这是管理的基本途径。如果离开了一个健全的组

---

① 尹丽春，柳若愚，陈丽芬. 现代教育管理论［M］. 长春：吉林大学出版社，2013：242.

织体系和制度规范，要高效率地达到组织的目标，是难以想象的。

2. 协作作用

在人类的群体活动中，不同的个体由于需要、个性、价值取向等各个方面的差异，必然存在这样或者那样的矛盾和冲突。如何解决人们在社会生产和生活过程中的各种纷争和利益冲突，如何使人们在共同的活动中产生一种凝聚力和向心力，这就必须通过组织的渠道或者力量来协调行为、平衡利益，形成共同意志。通过一定组织机制的建立，不仅能够妥善地解决群体内部各个成员之间的利益矛盾、价值偏向和步调不同的问题，而且还能够协调群体与外部环境之间关系，争取外部环境的支持，获得更多外部力量，促进群体的事业发展。这就是组织所产生的巨大协作力量。这是任何单个个体所无法具有的集体力量。

3. 沟通作用

组织还是信息传播的基本渠道。通过组织提供的正式信息传播渠道，使得人们生产和生活实践所需要的各种信息能够快速传播，并以此来为人们决策提供基本的参照。

在社会生产和生活实践中，由于信息渠道不畅通，彼此极容易产生误会和隔阂。在正式的信息传播系统出现障碍以后，就会谣言四起，使得人们不知所措。正是借助于组织的力量就让人们了解了事情的真相，自然能够使得谣言不攻自破。所以，在现代社会中，信息传递的速度和质量是人类发展的基本前提条件。借助组织严密的结构、严谨的规则和行之有效的沟通手段，就能够在组织的内部以及组织与外部环境之间形成良好的信息沟通渠道。

4. 教育作用

组织本身还是一种有效的教育力量。组织是个体社会化的最基本机构。人一出生就在家庭中接受家庭教育。家庭本身就是一种特定的社会组织。稍微大一点以后，个体又进入了幼儿园、小学、中学等不同层次、不同类别的学校接受教育。教育是个体社会化的基本途径。他们在各种教育组织中，学习社会所需要的各种社会经验、价值观念和行为习惯。即便在个体参加社会工作进入某个职业组织之中，他们仍然会接受来自组织的教育和帮助。正是有了组织的教育作用，一个人才能从一个生物学意义的生命变成一个社会学意义上的社会公民。心理学上关于狼孩的故事就生动地说明了人一旦离开了人类的组织化生活环境，他或她就不再是一个真正的人，而是一个形状同人而本性同兽的动物。

(三) 组织的基本要素

1. 组织结构

所谓组织结构是指存在于一个组织的各个成员之间的那种正式的人际关

系。通常组织结构包括规范结构和行为结构两大类。规范结构主要包括了三种主要成分，即价值观、标准以及角色期待。价值观是选择组织行为目标的基本标准；标准则是选择实现组织目标的各种途径的并对个体的行为有约束作用的一般规则；而角色期待则是对处于组织结构中某个特定职位的组织成员的工作绩效进行全面评价的指标。这三个方面就构成了组织结构的规范性结构的内容。行为结构更多的是强调组织成员的实际行为而非对行为的一种理论预期。行为结构也可以包括两个基本要素，其一是权力结构，即组织中的某一成员企图影响他人的行为以及他成功的程度；其二是社会测量结构，即群体内部人际关系的具体结构。事实上，组织的规范结构和行为结构是相互影响也是相互制约的。

2. 组织成员

组织成员也是构成组织的基本要素之一。组织成员是组织发展的基本动力元素。他们对组织的发展起着最后的决定作用。组织成员可能同时参与到不同的社会组织之中，并且扮演不同的社会角色。例如，一个组织成员可能是一个公司的职员，一个联合会的会员等。他们的人格和个人特征将可能随着在不同社会组织中所承担的社会职能的不同而发生程度不同的变化。除此之外，组织成员还具有人口统计学方面的许多特征，例如他们的年龄、性别以及伦理道德水平都会直接或间接地影响到组织的结构和功能。

3. 组织目标

组织目标是各种组织要素中最重要也是最复杂甚至矛盾重重的一个方面。在理解组织的过程中，组织目标是不能彼此割裂的。目标是分析和了解组织的一个核心的方面。在这个视角上，组织目标就是指对组织成员活动的结果的一种预期——组织成员经过自身努力而企图达到的那种状态。

4. 组织技术

组织技术的含义比较多样。有的把它看作是完成组织活动的方法，也有的把它当作是把投入变成产出的手段。技术的含义本身可能是更狭窄些，如主要是指应该组织的物质条件甚至主要是指设施设备等。人们应该把技术这个概念的内涵变得更加宽泛些。它虽然主要是指组织生存发展所必需的物质设施和财力资源，但是它应该包括信息、组织成员的知识和技能等。

5. 组织环境

任何组织都是在特定的物理技术和文化环境中生存发展的，为此，它必须适应这种特定环境的需要。没有任何一个组织完全是自给的；它们往往依赖于一个更大的社会组织。一个组织只要能够高效率地从环境中获得能源，它才能健康持续稳定地发展。20 世纪 70 年代以后，权变管理理论的发展清楚地说明了组织发展与环境之间的关系是如此重要。

（四）学校组织的分类

1. 按照产生和形成方式可以分为正式组织与非正式组织

在社会学和管理心理学中，人们往往把组织分为正式组织与非正式组织。学校中也有这两类组织，它们的产生和形成方式各不相同。学校中的正式组织是在一定原则指导下经规划设计而形成的。这类组织有明确目标和纪律约束，有结构层次和任务分工，有比较正规和确定的成员关系。而非正式组织则是自发形成的，它们的产生是基于人与人之间的共同思想、彼此吸引、相互依赖，或能满足个人的某种需求。这类组织中有默契性的行为规范，有具有实际影响力的核心（或领头）人物，但往往无固定的构成形式或组织名称。

教育管理学科主要研究学校内部的正式组织系统和活动规律。在学校管理实际中，学校领导者也主要关注这类组织的引导问题。在我国传统的学校管理中，对于非正式组织，人们往往是忽略的。把非正式组织与正式组织对立起来，认为它是一种小团体或者小帮派，只有消极作用，主张限制和取消。但是，事实上，这类组织及其活动有积极和消极两种作用。只要学校领导重视有度，引导有力，就能够克服其消极影响而发挥其积极功能。所以，我们不能简单地采取禁止措施，并且即便想全力强制禁止，也往往是徒劳的。

2. 按活动的内容性质可以分为政治组织、行政组织、群众组织、学习组织、学术组织

由于学校是社会的一个细胞，除有反映自身特点的组织之外，还有社会系统中各类组织向学校内部延展产生和建立各种相应的基层组织。因而，在学校中就有活动内容性质不同的各类组织。其中，有中国共产党的基层支部（大学有党委，中学有总支，小学有党支部），有些大学或者中学还有民主党派的基层组织，这些都是政治组织；有教育工会、研究生会、学生会等群众组织；有教师、学生中的各种形式学习组织和学术组织，有的还同社会上或教育系统中的同类组织相对应，如学科研究会一类组织，还有以校长为首的行政组织系统。此类组织在学校各类组织中活动最多，占主体地位。

3. 按存在期限可以分为常设组织和临时组织

在学校中，各类正式组织一般是长期存在、连续开展组织活动的。这些组织是常设组织，起主要作用。但是，有时为了完成某项突击工作任务，或研究某个教育方面的课题，或处理某种紧急事件等，就需要成立某种临时性的组织。建立这种组织可以作为常设组织的补充和辅助形式，有其独特的作用。

4. 按职能范围可以分为决策组织、执行组织、监督组织、参谋组织、研究组织

在学校中，为保证行政管理活动的有效进行，不仅要有以校长为首建立行使决策、指挥职能的组织机构，而且要有各种形式的监督、咨询和研究性质的组织机构。这几类组织机构形成固定的网络结构，以决策—指挥—执行系统为主线，有机地开展相互配合的各种组织活动。

二、学校组织管理的内涵

美国管理学家哈罗德·孔茨（Harold Koontz）指出，"为了使人们能为实现目标而有效地工作，就必须设计和维持一种职务结构，这就是组织管理职能的目的"①。学校组织管理就是通过学校组织系统的科学设计来有效发挥各类组织的功能，高效地达到学校的教育教学和管理目标。

在学校的组织管理过程中，必须遵循学校组织管理的规律。学校作为一种社会组织，其有两大根本特点：其一，它是一种知识组织，它担负着知识的创造加工、传递等社会职能。人类的文明传承的一个基本途径就是社会的学校系统。其二，它是一个教育组织。通过学校教育，一个个体才能基本完成其社会化的过程，即由一个生命体到社会公民的过程。

正是因为这两大基本特点，学校的组织管理才有了自己必须遵循的基本法则：首先，学校内部组织的设置与调整、发展与变革，必须以确保育人目标的全面达成为出发点和最终归宿，学校内部的各种组织都是以育人为核心的。其次，学校内部的组织发展必须有利于保证知识的创造、加工和传播，有利于保证文化的科学传递和人类文明的不断进步。只要遵循了这两个方面的基本要求，学校的组织管理才能形变而长久稳定存在。

三、学校组织管理的机构

（一）校长

根据我国教育法的规定，我国中小学实行校长负责制。校长是学校的法定代表人。在上级教育主管部门的领导下全面负责学校内部的教育教学管理工作。校长本身是一个集体，包括校长和副校长。他们对外代表学校，对内领导学校，其主要职责是全面贯彻执行教育方针，坚持社会主义办学方向，按照教

---

① 王欣欣. 管理学原理［M］. 北京：北京交通大学出版社，2018：110.

育规律办学，不断提高教育质量，培养合格的社会主义事业的建设者和接班人；认真执行知识分子政策和干部政策，团结依靠教职工，组织其学习，提高其水平，建设高素质的教师队伍，依靠学校党组织做好教职工的政治思想教育工作，充分发扬民主，重视发挥学校教职工代表大会在学校管理中的重要作用，调动全体教职工在学校教育教学管理中的积极性、主动性和创造性；全面主持学校工作，领导和组织学校的德育工作、教学工作、体育、卫生、美育和劳动技术教育工作以及总务工作；发挥学校教育的主导作用，努力促进学校教育、家庭教育、社会教育的协调一致，相互配合，形成良好的育人环境；正确处理好与学校党组织的关系，搞好学校党政之间的团结协作。

（二）学校党组织

学校中的党组织是中国共产党在学校中的基层组织，也是党的战斗堡垒。在一些规模大的中学都设有党总支，一般规模的学校设有党支部。学校党组织通过保证监督党的方针路线和政策在学校中的贯彻来实现党对学校工作的政治领导；通过加强对全校的思想政治教育，实现党对学校的思想领导；通过党的委员会管好党，教育好党员，参与研究学校中的重大发展和原则问题来体现党的组织作用。实行校长负责制不是取消党对学校工作的领导，而是消除党政不分，以党代政提高学校工作的效率、效益和质量。

（三）学校办公室（校长办公室）

这是直属校长领导下的处理日常校务工作的具体办事机构。有些学校不设办公室，只设专职秘书或干事，有些规模较小的学校甚至不设专职人员。有些规模较大的学校还另设人事保卫部门（办公室），或在学校办公室内设专人分管或兼管有关事项。

（四）教导处

这是学校的重要管理职能部门，主要负责日常教学管理工作，包括教师教学安排、课程表和教学日历的编制、考试的组织、教学的检查、教材的采购与发放、学生竞赛和课外活动的组织实验室、电教室、图书馆和教学研究（独立设置教育科学研究室的学校主要由教科室牵头搞教育研究，教导处协助）、文印、卫生室、体育室等。

（五）德育处（政教处）

该处负责学校的学生思想品德教育和学生日常管理工作。具体领导各年级各班班主任等方面工作，主持召开班主任会议，分别研究各年级、各班学生思想教育工作，负责学生的招生和学籍管理工作，直接管理学生宿舍管理员，处理学生方面的各种矛盾，负责对学生的操行评定与奖励处分，指导学生会的工作。

（六）总务处

总务处是学校的重要部门，主要负责学校的各种校园建设、维修、管理和师生的生活服务等方面的工作，具体包括学校校舍的维修、校园的绿化、净化和美化的组织管理工作，管理学校食堂，其他事务性工作。

（七）年级组

在我国许多学中实行年级组负责制。这是一种年级组和教研组并存、以年级组为主体的小循环年级教师岗位责任制。年级组成为负责全面质量管理的基层单位，组内全体教师对全年级学生的全面发展负责，对教与学、课内与课外、教学工作与思想工作的各个方面都要负责。

（八）班主任

不管在什么形式的学校中都会存在一定的教学班，这也是学校对学生进行规范化管理的最基本的组织单位。在教学班里面往往需要班主任来复杂各项管理事宜，从而使班集体的各项教学活动能够顺利地开展。通常情况下，班主任在教学中的具体工作内容包含如下几个部分：

第一，热情关怀、爱护学生[①]，每个班级的班主任老师一定要对学生开展常规且科学的思想政治工作，引导和规范学生的日常生活和学习的行为，使他们能够自觉地遵守学生应该遵守的准则以及行为规范等，从而使班集体能够形成良好的学习氛围，这也有利于学生的德育、智育、体育以及美育的发展等，从而最终提升每个学生的综合素质。

第二，班主任教师还需要常常和其他任课的教师保持十分紧密的联系，这样可以帮助班主任更加详细地了解学生的学习情况，从而及时地发现每个学生在学习中遇到的问题或者纪律方面的问题等，并尽快地采取有效的解决措施，使学生可以循序渐进地提升每个科目的学习成绩。

第三，班主任教师除了需要关注学生的学习状况之外，他们还需要及时地

---

① 方圆．新编学校内部管理制度范本大全 最新版本［M］．北京：北京工业大学出版社，2010：123.

关注学生的身体健康情况以及身体锻炼的情况，并且督促学生搞好班集体的卫生等，这样可以督促学生养成较好的行为习惯和学习习惯等，这些都会让学生受益终身的。

第四，班主任需要定期地组织班级中的学生参加一些有意义的公益劳动，同时也要组织学生参加一些常见的生产劳动，如植树、打扫卫生等。

（九）校团委

共青团是党领导的先进青年的群众组织，是广大青年在实践中学习共产主义的学校。校团委是共青团在学校中的基层组织，它负责青年中发展团员和进行团教育的工作。它接受学校党组织的领导，也接受学校校长的指导，是学校党组织和校长的得力助手。

（十）学生会

学生会是团结全体学生的群众性组织，在学校党组织和行政的指导下开展工作。它协助和配合校团委开展丰富多彩的课余活动，协助各班班主任领导各班的班委会，促进和带动全体学生全面发展，学会自我管理和自我教育。

（十一）校工会

校工会是工人阶级的群众性组织。它接受上级工会的领导，同时也接受学校党组织和校长的指导。其主要职责是协助学校党组织和校长搞好教职工的学习和文化娱乐活动，作好教职工的团结和生活福利工作。在有的学校中，校工会作为教职工代表大会的执行机构，在学校民主管理中发挥极其重要的作用。

总之，学校中的组织复杂多层，必须既相互分工，又彼此支持、相互协作。只有这样，才能达到高效推进学校各方面工作、提高教育质量的目的。而这就需要有健全的规章制度予以保证。

四、学校组织管理的制度

学校管理的基本制度是指那些对学校各部门、各环节都起指导和决定作用的制度①。我国现行的中小学基本管理制度主要是依据国家的教育法律、教育行政规章的各种规定和要求确立的。学校基本管理制度主要包括校长负责制、教职工聘任制、教师职务评审与晋级制度等。

---

① 廖军和，方家峰. 小学教育基础 [M]. 芜湖：安徽师范大学出版社，2016：20.

（一）校长负责制的内涵

校长负责制是指学校工作由校长统一领导和全面负责、党支部（或总支）作为核心和监督保证、教代会民主参与管理的学校内部的根本组织制度。作为学校内部的领导体制，在职权划分上应明确规定，校长是学校的法人代表，对政府主管部门承担学校管理的部分责任，对学校教育、教学、人事、财物等实行统一领导，全面负责，以学校行政核心和最高领导人的地位行使决策指挥权。学校党组织对学校行政的重大决策有参与权，以其政治核心地位行使监督保证权。教代会作为全体教职工的群众性代表，在学校党组织的领导下，以其主人翁地位参与学校管理，行使民主管理和民主监督权。

（二）校长负责制的具体内容

1. 决策指挥权

在国家有关法律、法规、政策所允许的范围内，校长有权对本校的教育教学和行政工作进行决策和统一指挥。如校长可根据国家和上级主管部门的规定，实施教育教学的改革和学校内部劳动人事分配制度的改革，但改革和措施需经过学校党组织的讨论，并经教职工代表大会审议通过，报政府主管部门批准或备案。

2. 干部任免权

校长在认真听取教职工意见的基础上，经与学校党组织共同考察、讨论后，可提名和任免副校长或学校中层干部，按照当地干部管理权限规定，报上级主管部门批准或备案。

3. 用人权

校长可根据学校发展的需要向上级主管部门提出用人计划，对校内已有教师的工作进行适当调整。

4. 奖惩权

校长有权按照有关规定和程序对教职工进行奖惩。对教职工的重大奖励和行政处分需要听取学校党组织和工会的意见，并按有关规定，报上级教育行政部门批准。

5. 财经权

校长有权按国家有关政策和规定，合理支配、使用学校经费、教育教学设施设备和学校其他财产。

第三节 学校公共关系管理

一、公共关系和学校公共关系的内涵

（一）公共关系的内涵

公共关系是人类社会发展进步的产物，现代公共关系发源于 19 世纪中叶至 20 世纪初期的美国。1906 年，艾维·李（Ivy L. Lee）的《原则宣言》标志着公共关系进入科学发展时期①。公共关系是以社会组织为主体、各类公众为客体、传播为手段的管理活动，它在社会组织和其他各类公众之间形成双向交流，使双方达到互相适应、相互合作的目的②。20 世纪 80 年代以前，公共关系还未引入中国，由于计划经济时代，政府调节社会行为，科学管理理论占据主导，企事业组织中的管理主要集中在"人事管理"阶段，人们关注点在于面临的具体事务的操作完成，而不需要关注公众形象和组织行为。随着市场经济的来临，分工越来越明细，交换、合作、价值就占据了主导，社会处在一个多元理念、价值环境中。组织的管理也从"人事管理"走向"人本管理"。组织目标的完成强调协作、效率、共赢。因此，组织间需要建立内外的协作关系，以人为本的管理理念为公共关系的理论研究和实践探索营造了良好的文化环境。因此公共关系学顺应而生。

（二）学校公共关系的内涵

学校公共关系的概念有许多学者已经做过界定，陈孝彬在《教育管理学》中的定义是：学校公共关系是在借鉴一般公共关系理论和实践经验的基础上发展起来的，它是学校与其内部和外部公众之间有计划、有系统的双向沟通过程③。张东娇在《公众、事务与形象：学校公共关系管理导论》中给学校公共关系的定义是：学校公共关系是指学校组织与其公众结成的社会关系，包括学校与教职工、学生的关系，与家长的关系，与社区的关系，与特殊公众的关

---

① 张映红. 公共关系管理 [M]. 北京：首都经济贸易大学出版社，2002：26.
② 赵敏，江月孙. 学校管理学新编 [M]. 广州：广东高等教育出版社，2008：368.
③ 陈孝彬. 教育管理学 [M]. 北京：北京师范大学出版社，2008：449.

系，与媒体的关系，与政府的关系，与国际的关系等。它是公共关系的一种特殊形式，其三要素是：学校组织、目标公众、媒介。学校公共关系的目的是建立学校在公众中的声誉和信誉，培育公众对学校教育的信心和信任[①]。学校作为一类社会组织，与其他组织一样面临着生存和发展的任务，同样必须在互惠互利、承担责任、友善理解的基础上致力于与周边的社会组织及个人保持良好关系，改善自身形象，这样才能争取到内外公众的支持、合作，才能得到发展。学校公共关系的主体是学校本身，客体是学校的公众，两者之间的相互协调的手段是沟通传播，目标是通过传播树立学校在社会中的新形象，为学校的发展创造一个良好的环境，实现学校的办学目标。

综上所述，学校公共关系是指学校运用各种传播手段，与公众保持联系，谋求内外公众的信赖、理解、支持、合作，从而最终有利于实现学校的教育目标的管理活动[②]。它具体包括以下几点内容：学校公共关系是一种学校或其组织部门与公众的沟通历程；学校公共关系是一种有计划、有系统、有组织、有目标的活动；学校公共关系是运用一定的传播手段与公众建立和谐关系，以期达到其目的的关系过程；学校公共关系是一种真实信息的传播手段；学校公共关系的目的是与公众之间达成友好、了解、共识的伙伴关系。学校公共关系分为内部公共关系和外部公共关系，内部公共关系包括通过一定的传播媒介处理协调教师职工、学生、班级、系部年级、学校董事会等不同层次之间的关系的过程，目的是达到学校内部的稳定团结。外部公共关系包括通过传播手段协调学校与家长、社区、校友会、媒体、特殊的社会组织之间的关系，目的是宣传学校，提升学校知名度和声誉，获得个人、组织对学校的了解并在教育服务上得到支持，使学校组织不断发展。学校公共关系是普通公共关系在学校组织中的运用，但由于学校是培养人的非营利性组织，因此学校公共关系具有以下特征：第一，追求社会效益；第二，成本低、难度大；第三，与公众联系松散。

二、研究学校公共关系的意义

（一）有利于学校办学条件的改善

学校是非营利性组织，办学的开展需要一定的物力、人力、财力等，而这些设施的配备一部分来源于政府机构的经费投入，另外一部分主要来自社会的支持，如社会工商企业界给予学校办学的物力、财力支持。也有校友的捐赠、

---

① 张东娇. 学校公共关系管理［M］. 北京：北京师范大学出版集团，2012：45.
② 赵敏，江月孙. 学校管理学新编［M］. 广州：广东高等教育出版社，2008：369.

家长的支持、社区的贡献等。学校效能是这些社会组织群体提供支持大小的判断依据。而开展公共关系活动是向社会各界展示学校效能的主要途径，因此开展公共关系活动有利于改善学校的办学条件。

（二）有利于学校教育任务的完成

学校是一个开放系统，学校教育任务的完成需要与社会大系统不断地进行输入—产出循环，在这个过程中会受到系统内部、外部各种因素影响。它的终极目标是培养合格的人才，因此在系统内部需要为广大师生创造良好的育人环境，要提供教学、技术、管理支持。需要与师生有良好的互动和配合，那么就必须开展公共关系，与社会、家长、政府加强信息沟通，宣传学校的教育思想、教育目标、教育理念，以获得社会的理解和支持。

（三）有利于学校在竞争中获胜

虽然教育竞争有其自身的特点，但是学校之间、学校内部需要竞争已经成为大家的共识，学校力求争取优质生源，争取持续的办学效能，通过教学成果争取上级政府及社会的认可和资助，通过不断改善办学模式和办学理念吸引更多的从教人才。学校要在竞争中谋发展、在竞争中取胜，就应该使公众了解学校，应该加强学校之间的互动、沟通、交流，在共同提高的同时推销学校、介绍学校，取得大家的支持和教育上的配合，在学校师资力量、生源质量、办学设施上得到改善。因此学校间的公共关系至关重要。

三、学校公共关系管理的流程

杰里·A·亨德里克斯（Jerry Hendrix）在他的《公共关系案例》中非常详尽地介绍了公共关系管理的四步经典模型：调查研究（research）、设定目标（objectives）、实施传播（programming）、结果评估（evaluation），简称 ROPE 模式①。

（一）调查研究

学校公共关系组织的目标是通过塑造良好的学校形象赢得社会公众的支持，为学校发展提供便利条件。因此，要符合公众的利益以及社会对学校办学的期望。学校公共关系组织要负责收集社会事实信息、发现问题并分析问题，调查学生对教师教学方法及理念的评价，家长对学校的教育反馈，用人单位对

---

① 张东娇. 学校公共关系管理［M］. 北京：北京师范大学出版集团，2012：78.

学校的期望以及社会对学校教育的评估。学校应掌握其在公众心目中的形象以及地位，为学校的管理决策部门提供可靠的信息，促进学校教学管理。

（二）设定目标

学校公共组织部门要根据学校的战略要求，明确办学目标，并设定公共组织部门的子目标，如在学年内要通过哪些渠道、媒介宣传学校，运用哪些载体传播学校理念，设定的子目标要为学校的建设发展服务。针对内部公众和外部公众的目标要明确、详细、可执行性强。

（三）实施传播

实施传播是学校公共组织部门的关键工作，应根据学校战略目标设置公共关系组织部门的子目标，按照目标程序实施具体细节工作。包括制定工作实施细则、活动规章制度、日程人员安排、相关注意事项，落实责任人员，权责一致，拟定激励措施，注重中间环节，实施全程化管理，使整个活动过程按照计划执行。

（四）结果评估

学校公共关系组织部门定期组织公众对部门工作开展评估，确定评估对象，评估项目内容及程序，听取公众对组织开展的公共关系活动以及公共关系形式的意见和建议，对其结果进行科学分析，为学校公共关系组织部门提供参考意见。

四、学校公共关系管理的内容

公共关系管理是一项专门的职能管理活动，通过对公众关系和与之密切相关的组织传播活动进行系统的管理，实现组织与公众之间相互信任的关系，获取卓越的声誉和良好的企业形象，促进组织战略目标的实现。学校公共关系管理就是对学校内部公共关系、外部公众关系及其相关传播沟通事务的管理。它主要包括公众关系管理、相关传播沟通事务的管理和学校形象管理等。公众关系管理主要指学校与公众之间的日常关系管理，包括学校与政府、媒体、社区、家长、教师、学生之间的日常工作的联系，是一种长期性的、事务性的、维护关系的具体工作，其带有普遍性及必要性，如家校联系活动。相关传播沟通事务的管理主要指学校与公众共同发生的突发事件或者专题性的重大事件的管理，包括危机突发事件管理、大型专题活动管理，其带有偶然性、及时性、典型性，影响力大，如科研成果发布会等。学校形象管理主要指学校在战略层面、效能层面对学校与公众的整体的管理，涉及学校的长远发展目标的实现。其目的是通过公众对学校的良好评价来树立学校的形象。

根据学校公共关系管理内容的不同，在管理过程中要根据以下几点区别对待：（1）对象分层：学校公共关系是一项有组织、有目的的活动，涉及的事务多种多样，小到具体一次活动的安排组织，大到学校的战略目标。因此，学校公共关系的对象是多样化的，具有不同的层次，如日常性的公共事务与礼仪、行为有关；技术性的公共关系主要与宣传、报道有关；战略性的公共关系与学校的整体氛围、整体效能有关。（2）主体分层：学校公共关系的主体一般是学校组织，但是根据对象的不同，主体也是多层面的。教育战略、教育目标主要由学校领导层来处理，事务性的宣传报道与管理层和执行层紧密相连，社团类活动等一般以学生和教师为主体。（3）内容分层：学校公共关系的目标主要是通过一定的传播手段和传播内容与公众联系，公众的多样性决定了传播内容的多样化。其主要是信息的交流和传播，涉及学校形象管理和信息管理，有事务性的管理以及战略性管理。

第五章 教育领导者及师生管理

在教育管理中，教育领导者的管理很重要，这是因为教育领导者发挥了重要的指导作用和决策作用。除此之外，教师的管理和学生的管理也很重要，这是因为教师和学生都是教育的重要参与者，他们的教和学都会对教育的成效产生较大的影响，因而学校应该重视教育领导者以及师生的管理。

第一节 教育领导者管理

一、教育领导者的甄选

由于一个人的领导才能不仅得之于书本知识，而且更主要得之于领导工作实践，因此，各国在选拔任用教育领导者时，候选人的行政领导经历往往都被作为甄选的重要条件之一。以校长的选拔为例，英国的校长候选人如有副校长、助理校长的经历将会得到优先录用等。这里所谓行政领导经历通常是指候选人的胜任经历或成功经历，因此，注重候选人的行政经历实际上就是注重候选人以往的领导成就和业绩。这种通过评审候选人在原来工作中的成就来估量其能否任高一级职务，从而决定是否选用的方法，从表面上看似乎无可厚非。然而在实践中，人们却常常可能遭遇到如下情况。《彼得原理》的作者彼得（L. J. Peter）和霍尔（P. Hall）却有独到的见解：领导者在其职位上取得了成就便被提升到高一级的职位，当其在高一级职位上又做出成就时就有可能被提升到再高一级的职位。这样领导者就有可能被提升到他所不能胜任的职位，从而使领导者陷入尴尬的境地。彼得和霍尔的这种观点便被称作彼得原理。尽管彼得原理未必适用于每一个领导者，但对于大多数领导者而言，确实并非职位越高越能发挥其聪明才智和体现其价值。

二、教育领导者的培训

教育领导者培训制度是整个教育领导者管理制度的一个重要方面①。随着时代的进步和教育事业的发展，社会对教育领导者的培训也日益重视。我国的教育领导者培训事业自中华人民共和国成立曾经过一段曲折的历程，至中国共产党十一届三中全会以后才真正进入健康发展的轨道。近年来，我国教育领导者培训的失衡现象已经引起了各有关方面的重视，在一些省市也已开展了一些教育行政官员的培训工作，这些措施可以较好地扭转我国教育领导者培训失衡的现象。

三、教育领导者的评价

虽然世界各国考核评定教育领导者工作业绩的活动一直可以回溯到十分久远的年代，但是真正建立起比较完整而科学的教育领导者评价制度的历史并不算长。即便是美国、英国等评价制度相对发达的国家，教育领导者的评价体系也都是在第二次世界大战之后才逐步建立起来。我国的教育领导者评价制度建设还处于初级阶段，尽管我国近年来在教育领导者评价制度特别是校长评价制度建设方面取得了一定的成绩和经验，但是要真正建立起具有中国特色的教育领导者评价制度，似乎首先需对有关教育领导者评价的四项基本选择作一番理性的思考。

（一）评价取向选择

教育领导者的评价可以有两种取向：以"督"为主或以"导"为主。我国以往的教育领导者评价基本是以"督"为主。这一方面是由于我国尚未有严格意义上的教育领导者评价制度，而只有考核教育领导者的概念；另一方面则是由于"督"比"导"要简单许多。评价者只要有相应的对照标准就可以完成"督"的职能。而若要行使"导"的职能，就会对评价者的素质提出更高的要求。从国外的有关经验来看，教育领导者评价不应偏向单一取向，而应做到"督"与"导"的有机结合。

（二）评价目的选择

评价目的选择与评价取向选择密切相关，评价取向选择受制于评价目的选

---

① 于海. 教育管理学［M］. 呼和浩特：远方出版社，2005：183.

择。如果把评价教育领导者的目的定位在决定教育领导者的升留免降或褒奖惩戒上，这显然是不妥当的。选择这种狭隘的评价目的是导致教育评价取向上重"督"轻"导"，甚至有"督"无"导"的根本原因。如果把评价的目的定位于改善教育领导者的工作，进而提高教育组织的工作效益，那么，评价的过程就会被看作是教育领导者学习和提高的过程，而不是单纯接受审核的过程。事实上，每次评价之后，被调离领导者岗位者总是极少数，因此，改进其领导工作进而提高组织的工作效益应当成为教育领导者评价的基本目的。

（三）评价者选择

实施教育领导者评价的评价者可以由不同的人员担任，但必须具备一定的资格和条件，这是许多国家的经验与共识。我国的教育领导者评价工作通常是由组织人事部门或组织人事部门会同其他部门来实施的。为了保证评价的准确与科学，应当慎重考虑评价者队伍的构成和评价人员的基本资格，同时应对评价者进行专门的培训。

（四）评价方法选择

评价教育领导者的方法很多，最常见的是问卷调查评价和座谈调查评价法。此外，面谈评价法和工作观察评价法也被一些国家普遍用于教育领导者评价之中。面谈评价法指评价与被评价者当面会谈。评价者围绕教育领导者评价标准提出一系列问题，被评价者在回答提问时还要提供一些支持自己回答的旁证材料或数据。评价者运用这种方法时不仅仅限于一些事实，更重要的在于了解被评价者的价值观、态度和能力等。工作观察评价法指评价者通过实地观察被评价者的领导工作活动，对其作出评价的方法。如观察被评价对象如何主持会议，如何统一思想，如何处理下属的冲突等等。我国评价教育领导者历来比较注重群众性，比较常用的是问卷调查评价法和座谈调查评价法，而对比较能够发挥评价者主观能动作用和比较能够体现评价者专业评价水平的面谈评价法、工作观察评价法等运用较少。国外的有关经验表明，依赖个别的方法来评价教育领导者往往是不可靠的，因此，应当在教育领导者评价实践中提倡各种方法并用，以综合发挥各种方法的长处。

第二节　教师管理

一、教师管理的内涵及意义

（一）教师管理的内涵

教师是向受教育者传递人类积累的科学文化知识和进行思想品德教育的专业人员[①]，教师管理历来是教育管理的一个重要领域。教师管理是学校对教师教学、科研活动进行组织、协调、安排、控制的总称，它是学校教务管理人员在党的教育方针的指导下，按照一定的标准，运用多种手段，有目的、有计划、有组织地对教师教学、科研活动进行管理，从而将学生培养成为现代化建设的合格人才的过程。

从历史的角度来看，教师管理的内容是随着教育事业的发展而逐渐丰富完善起来的。一般认为，现代教师管理的基本内容应主要包括：教师的任用，即制定教师队伍发展规划，对外招聘教师，对内进行教师岗位的聘任；教师的评价，即依据一定的标准对教师的工作状态和工作成就做出判断和评定；教师的培训，即提出一定的要求，提供一定的条件，通过多种方式更新教师的知识，提高教师的能力；教师的激励，即通过满足教师合理的需求来提高教师的工作积极性。从世界范围来看，自第二次世界大战结束以来，上述教师管理的内容已基本为各国政府所接受并且在各国的教师管理实践中稳定下来。然而，这并不意味着现代教师管理的内容是完全统一而凝固的。事实上，就教师管理的内容细节而言，不仅各国之间存在着较大的差异，而且随着社会对教师职业性质认识的深化和对教师专业要求的提高，其内容也在不断地发展和变化。

（二）教师管理的意义

1. 教师管理是学校管理的重要组成部分

在学校的教育中，教师是重要的组成部分，也是最基本的主体。在具体的教育实践中，教师需要根据一定的教学大纲以及目标等来设计相应的教学活动和课程，从而对学生开展授课，并且完成学校制定的教学目标。这个过程也是

---

① 赵海侠，郭婧萱. 教育管理学［M］. 成都：电子科技大学出版社，2017：125.

一个培育学生成才的过程，是为社会的发展积极地培育各种专业的人才。我国有很多不同种类的学校，而且学校中又有数量庞大的教师队伍，因而学校就十分有必要对教师进行适当的管理，从而使教师队伍更加规范，能够更好地贯彻党和国家制定的教育方针以及政策等，从而更好地发挥教育者的作用。这就要求我国的学校需要结合学校的实际情况和教师的特点等制定相应的教师管理制度和规范，从而对教师的教育教学行为进行规范和引导，为学生提供更加优质的教育服务。

2. 教师管理是教育改革成功的重要保障

纵观全世界的教育发展历史我们就可以发现，一直以来，世界上很多国家都在不断地探索和实践教育改革，可见教育改革一直是各个国家在发展的进程中十分关注的话题。教育改革也能够给很多国家的发展带来新的契机，为社会的发展贡献积极的新生力量。然而如果我们从严谨的层面进行探索和分析就可以知道，教育改革其实和价值的关系并不是很大，因而只有人们进行的教育改革取得了较大的成就时，它才会具有比较显著的现实改革意义，也能够推动教育的发展和进步。在教育改革中，教师是重要的影响因素，这主要是因为教师的教育理念、方法以及行为等都会影响教育的质量，而且在具体的教育改革过程中，教师才是各种教育改革措施的强力执行者。因而教师的管理非常有意义，它也是教育改革取得成绩的基础条件。

3. 教师管理是教师成长发展的重要条件

目前，教师的专业成长已经成为一个重要的话题，而且已经引起世界各国很多教育研究者的关注。事实上，教师的专业成长和多种因素有紧密的联系，受到主观和客观两种因素的限制。具体分析而言，从主观的层面进行分析，教师的专业成长需要教师具备一定的终身学习的意识，需要教师能够认识到自身的不足和缺陷，从而愿意通过学习改变这一现状。从客观的层面进行分析，教师的专业成长也和教师所处的地区的政府以及学校能够为教师提供的各种培训机会以及成长的环境等有较大的关系。其实从宏观的层面进行分析，教师的管理是一个十分宽泛的概念，它不仅包含对教师的教学活动以及科研活动等进行必要的管理，它还包括对教师进行必要的培训，为教师提供一定的进修机会等，从而更好地促进教师的专业成长。

二、教师管理之教师的招聘

（一）招聘准备

为了做好招聘工作需要做好招聘前的准备工作。这些工作主要包括岗位分析、岗位说明、岗位规范和关键要求等。

1. 岗位分析

岗位分析的重心是岗位本身而不是岗位占有者。岗位直接由组织控制，并具有特有的固定的特点，所以岗位分析是指导人们了解岗位的任务是什么、如何完成任务，为什么要完成这些任务。岗位分析通过观察和研究把学校组织成员担任的每一项工作进行分析，搞清楚各项工作的本质特征以及与学校其他工作的关系，为岗位职责、任职条件提供依据。

2. 岗位说明

在岗位分析的基础上，以文本的形式对岗位工作的任务、职责、要求、任职标准等进行详细说明。岗位说明书主要载明：工作名称、编号、所属部门；工作的范围与具体内容；工作的特殊事项。学校岗位说明把每一个岗位的工作任务、范围、内容、要求做具体说明。各方面人员的岗位任务、工作范围、工作要求以及需要特别注意的问题应在岗位说明书中详细载明。

3. 岗位规范

岗位规范是对该岗位需要的人的素质等做出的要求。可以用七项内容评测岗位与应聘者合适的程度：身体（健康、外貌）、学识才能（教育背景、资历、经历）、一般智力（智力水平）、特殊才能（动手能力、数字和交际能力）、兴趣点（文化、体育）、性情（可靠性与主见性）和特殊条件等。学校岗位规范就是各岗位人员应具备的条件。虽然国家对中小学校校长和教师等人员的任职条件有明确的规定，但这些规定只是原则性的，学校可以根据这些任职标准做具体的调整。

4. 关键要求

学校是分层次的，学校内部工作是分类别的。为了招聘到合适的人员，需要对各种岗位的关键部分提出要求。大学教师工作的关键要求是研究能力、研究成果和研究生学历，中小学教师需要特别强调教师专业化程度、教学能力以及与学生的沟通能力等。还有一些特殊岗位有特殊的要求。例如，心理咨询教师要特别具备心理学知识和心理咨询能力，电脑教师要求精通电脑业务。

5. 申请表格

为了让学校能够招聘到合适的人员，需要为申请人设计规范的表格，以便申请人根据要求填写有关内容。一般来说，申请表格的主要项目有：姓名、年龄、性别、学习经历、工作经历、工作成果（如研究成果、教学成果等）、获得奖励、行为表现、兴趣爱好和单位证明等。申请人根据表格的要求如实地填写。

（二）招聘过程

做好了准备工作后就进入到招聘过程。招聘过程是多渠道吸引应聘者、筛选和确定候选人的过程。

1. 吸引应聘者

做好了招聘的准备工作后，就需要通过各种途径吸引应聘者。岗位规范和关键要求对学校所需要的理想人员规格做了简要的说明。岗位说明书中对空缺岗位的责任、目标和工作范围做了说明。这些材料可以用于招聘广告，同时要求应聘者提供相应的资料。一所学校能否吸引较多的应聘者取决于多种因素，主要有：学校的目标与发展前景、学校的形象和声誉、学校的工资福利待遇、学校中发展的机会、学校的地点与工作条件等。

2. 广开招聘渠道

在信息化社会中，学校招聘有多种渠道。首先，重视在学校内部寻求合适的人选，开展学校内部招聘活动。例如，大学的各部处的处长、主任首先考虑在大学内部招聘，各处的主任可以从教师中招聘等。其次，在学校外部开展招聘活动。通过电视、广播、报纸、互联网做人才招聘广告吸引应聘者。与大学、人才交流中心、人才市场建立联系，直接获得有关人才信息。最后，通过推荐和自荐等形式吸收应聘者。通过学校现职人员的各种关系，请他们推荐各种人选。学校不同类别人员的招聘渠道有所不同。例如，学校管理人员主要从学校现有人员或在其他学校工作过的人员中聘用，因为学校管理人员要求有丰富的实践经验并对学校的管理情况比较熟悉；专业人员或教师主要来源于高等院校或人才交流中心、人才市场等。在招聘期间学校要建立招聘热线电话、接待日等，保证应聘者可以及时和学校取得联系。

3. 确定候选人

根据学校用人要求，对应聘者进行资格审查，筛选出那些背景和条件符合岗位规范需要的候选人。候选人一般来说都会提供简历和申请表格，这两份材料都是有用的。简历可以使应聘者以展示其书面交流能力的方式说明自己的资历和经历。同申请表格相比，简历写什么和不写什么是由应聘者自己把握的，有时可以请专业人员帮忙，所以，简历不一定完全可信。所以，学校人事部门对简历中所提供的信息要认真地分析，提取简历或申请书中有用的信息，不要受无用信息的误导。学校用人部门为应聘者设计的专门申请表简洁、可靠，因为表格中的各个项目都是经过精心选择的，能够提供学校所需要的信息。但申请表格可能过于简单，不能使应聘者的素质全面地表现出来。对应聘者进行筛选的时候把简历和申请表综合起来考虑比较合适。无论采用何种手段，学校都要掌握应聘者的年龄、婚姻状况、国籍、教育背景、资历、培训、经历、目前的工资、特殊才能、健康状况、业余爱好以及求职的原因和去职的原因等。

(三) 选拔程序

对应聘者进行筛选后就需要对候选人进行选拔。选拔方式和程序的类型比较多。一般来说有笔试、面试、心理测试、工作模拟测试、推荐和证明、征询意见以及正式录用等。

1. 笔试

笔试是当前我国各类人员选拔常用的手段[①]。例如，我国领导干部公开选拔要求应聘者参加笔试。我国教学人员选拔的第一步往往是从笔试开始。笔试内容是岗位规范所需要的专业知识和技能、一般的知识和技能。选拔教师需要考试多方面的内容：学科专业知识和能力、教育专业知识和技能以及综合知识和能力。选拔校长或学校内的中层干部，主要考试的内容有：教育管理方面的知识和能力、学校教育综合知识和能力、一般的文化知识和能力。但在短短的一两个小时里很难测试出应聘者是否具有招聘岗位所需要的能力。因此，考试固然重要，还需要其他测试的配合。

2. 面试

经过选拔笔试后一部分人员进入到面试阶段。面试提供了一个真实的双向交流的机会，通过直接的交流可以发现候选人是否符合岗位规范要求。岗位面试有多种形式，既可以是非结构化的面试，也可以是结构化的面试。非结构化面试是一种无拘无束的交谈，面试的问题随着面试的进程展开，但这种面试对岗位任职所需要的信息的提供十分有限，提供的信息和其他人的信息没有可比性。结构化的面试是通过一系列的预先设计好的问题进行面试，对所有的候选人都做出相应的评价。预设问题针对的主要是应试者对岗位规范的知识和技能的掌握情况。结构性的面试可以消除非结构化面试的缺陷。面试可以分为单个面试、小组面试和群组面试。单个面试即一个面试者对应试者一个一个的面试；小组面试是由一组面试者对应试者一个一个的面试；群组面试是应试者小组对一个以上的应试者进行面试。

但面试也存在着一些缺陷，如凭主观印象给予评价、先入为主以及面试小组无法统一意见等。为了减少面试中存在的偏差可以采取以下策略：一是对参加面试的领导和专家进行适当的培训；二是提前向面试小组提供所需要的资料，如岗位规范、岗位说明书、应聘者的简历和申请书等；三是选择合适的地

---

① 成晓霞，陈红梅，杨琳. 教育行政学 [M]. 长春：吉林大学出版社，2014：147.

点作为面试的场所；四是对面试的时间进行合理的安排；五是除了要求应试者回答一些简单的问题，还可以让其回答一些开放性的问题；六是在面试专家或领导提问之前，可以让应试者提出一些问题；七是把心理测试、证明人的书面说明与面试结果结合起来考虑；八是小组面试可能比一对一的面试更为客观一些。还有其他一些方法，如情境面试，即根据岗位要求设计一些问题让应试者提出解决问题的办法；模式化行为描述面试，即了解应试者过去的行为模式，预测其对新工作岗位的可能的行为。

3. 心理测试

心理测试是国内外人事选拔的一种重要手段[①]。在人才选拔中，心理测试是根据应聘岗位的要求对应聘者进行认知和个性的测试。认知测试主要就数字、语言、反映等能力进行测试，这些方面测试得高分的往往是智商比较高的人，对教育工作尤其有帮助。个性测试主要包括对情绪、情感、兴趣、意志、志向等方面的测试。情绪稳定、情感丰富、兴趣较广、意志坚定、志向较高对一个人做好工作是十分重要的。此外还有才能测试和成就测试。才能测试主要是对特定能力的测试，根据不同岗位对能力的要求设计测试工具。不同的教育组织和教育组织中不同的工作岗位对才能的要求是不一样的。教育管理人员的才能主要集中在管理才能方面，而教师的才能主要体现在教育教学能力方面。成就测试则主要是对应聘者已经拥有的能力和技能的测试。

4. 工作模拟测试

工作模拟测试是通过模拟岗位的实际情境，让应聘者在这一情境中处理所面对的问题，然后评估应聘者的表现。通过这种测试可以发现应聘者是否具有聘任岗位所需要的能力。学校招聘教师时常常会让应聘者试讲，根据对多位试讲者情况的评估和比较，就可以发现合适的人选。管理人员选拔的模拟测试稍微困难一些，但也是可以施行的。例如，通过录像或文字描述一所学校所面对的某一个问题，然后请应聘者提出解决问题的方案或措施。

5. 推荐和证明

推荐人或证明人的推荐或证明是了解应聘者的思想、品德、学业和能力的重要途径。一般来说，岗位招聘需要一至两位熟悉应聘者的人推荐或证明。推荐或证明的内容主要有：被推荐者的思想品德、学业情况、能力表现，是否胜任岗位规范的要求，推荐人或证明人与被推荐人或被证明人的关系、熟悉程度。发达国家的大学聘用专业教师的时候需要有两位以上的推荐人。推荐人或

---

① 张文辉.《普通高等学校辅导员队伍建设规定》贯彻实施与辅导员职能、培训、聘任及考核测评手册 上［M］. 北京：中国高等教育出版社，2006：329.

证明人的作用是证明应聘者的情况是否属实或是否有隐瞒等。但这种证明或推荐还是存在着缺陷的，一般来说推荐人或证明人都是由应聘者挑选的，既然是应聘者挑选，他就不可能选择一位不赞成自己的人做推荐人或证明人。因此证明人的证明和推荐人的推荐的可靠性引起不少人的质疑。尽管如此，这种方法仍被广泛地运用于人才选拔中。

6. 征询意见

征询意见是在各种选拔考试和测评之后、正式录用之前，为了对应聘者有更为深刻的了解，学校公开征询校内外人士对拟录用人员的意见。目前我国称这种方式为公示制度。公示制度是把准备录用的人员的名单公布出来，在规定的时间内广泛征询有关人员对拟录用的人员的意见。如果逾期无人提出意见，就正式录用。如果有人提出意见，就需要对这些意见进行认真的研究，然后做出录用或不录用的决定。

7. 正式录用

在征询意见后，对有异议的应聘者进行审核再决定是否录用，而对没有异议的人员正式录用。正式录用要以书面的形式正式通知被录用者，在被录用者认可后，学校和录用者签订录用合同。录用合同必须符合国家的有关法律法规，不得与之相冲突。录用合同必须明确学校与教职工双方在工作方面的权利与义务的关系。学校对被录用者有哪些权利和义务，受聘者有哪些权利和义务。学校录用合同的主要内容有：工作名称、地点；录用日期、录用期限；工作职责、规章制度；工作时间；报酬情况；变更、终止合同的条款；双方认定的其他必要的条款。

三、教师管理之教师的培训

教师的培训与发展是学校人力资源管理的重要内容。培训是指对教学人员进行的观念、知识和技能的培训；发展则是在培训基础之上个人的思想、知识、生活等多方面的进步。无论学校校长还是教师都有权利和责任参加培训。例如，《教师法》："各级人民政府教育行政部门、学校主管部门和学校应当制定教师培训计划，对教师进行多种形式的思想政治、业务培训"[①]。

（一）培训的内容

培训的内容可以根据不同的对象有所不同，但大致上包括知识培训、技能培训和态度培训。知识培训是促使学校成员对专业知识、专业技能和教育观念

---

① 钟雪风. 教师必备法律知识 [M]. 呼和浩特：远方出版社，2006：32.

进行更新；技能培训主要是教育技术和教育方法的改进；态度培训主要是通过培训在学校中建立互信，培养教职工对学校的忠诚感，使学校组织成员爱护学校、关心学校，形成积极进取的精神状态。

（二）培训的类型

根据培训对象可以把培训分为新教职工的岗前培训和在职教职工的继续教育。新教职工的岗前培训主要是对新招聘的人员进行的培训，让其了解学校的历史、现状和未来发展趋势，目的是使新成员对学校有一个总体的认识，建立其对学校的初步感情；同时对其进行岗位职责、知识和技能要求培训。对一位新教师来说，需要使其明确做教师的工作职责、职业规范、伦理道德、教育知识和教育技能等。对在职教职工的继续教育主要是业务知识和技能的更新、新的教育观念的更新、新的教育技术和方法的学习等。

（三）培训的组织

为了做好学校教职工的培训工作，学校要设专门的机构负责培训工作。我国高等院校有人事处，不少中小学校则没有专门的机构，更没有专门的人员负责。所以，必须建立和健全专门的培训部门，并由专门人员负责学校内的培训工作。培训组织的主要责任是协助校长制定培训计划、政策和战略，做好培训的管理工作。培训计划主要是根据学校发展的需要制定的，在计划中要确定培训的目的、培训的对象、培训的任务、培训的形式、培训的内容、培训的进度、培训的时间以及培训的费用等。培训政策则是对培训工作的基本规定，激励职工参与培训。培训战略则是对学校中、长期培训工作的重点的安排。此外，要确定好培训的项目，通过调查和研究当前教育改革的现状和趋势，确定合适的培训项目。

（四）培训方式

培训方式多种多样，其大致上分为三类：一是系统的培训，包括在职培训和脱产培训。在职培训就是在不影响正常工作的情况下，根据所从事工作的实际需要，有计划地对教职工进行的培训。脱产进修则是离开岗位一段时间，专门进修。例如，到大学进修或到国外进修学习等；二是传授式培训，主要是举办讲座，专门请相关专家做学术报告或学术讲座。另外还可以采取个别指导的方法，例如，学校可以选择若干老教师对青年教师进行指导；三是参与式培训。参与式培训的方法比较多，主要有会议、小组培训、角色扮演、模拟训练、头脑风暴法、参观访问、工作轮换、事务处理训练以及影视方法等。其中会议主要采取研讨式。小组培训旨在促进参加者参与集体的自觉性和协作精神的提高。角色扮演主要是参加者在模拟的环境中扮演特定的角色。模拟训练和角色扮演有类似之处，但更侧重于实际技能的操作培训。头脑风暴是通过问题的讨论相互启迪，激发创造性思维，促进新思想、新观点的建立。参观访问是组织教职工到一些学校去参观访问，从中学习到新的经验和知识。工作轮换则是指教师或管理人员先后承担不同的工作，以积累经验，提高工作水平。事务处理则是训练教职工有效地处理日常工作。影视方法则是利用现代信息技术对教职工进行培训。

（五）培训评价

学校花费人力、物力和财力对教职工进行培训，就要了解培训的效果。常用的方法是在培训结束时请受训者填写一张调查表，请他们对培训的方式、内容、方法、组织提出意见，说明培训中哪些部分对受训者最有价值。通过对问卷的整理和分析，可以搞清培训中哪些方面做得好，哪些方面需要改进等。这种方法简单易行，效果比较好。但也存在着一些问题，如受训者可能感受与培训教师、其他同事在一起愉快，而忽略了培训内容本身的价值。所以，最好是在培训结束后过一段时间再发一个问卷，了解培训是否有助于提高其工作效果。另一种评估方法是根据"岗位行为标准"进行评价。受训人的上级或培训专家对学习的迁移做出评价。具体做法有：一是活动抽查和观察，对受训者进行观察，了解他们在多大程度上把培训中学习到的知识、技能和态度用到实践工作中；二是关键事件，对受训者工作中的关键事件进行分析，了解其中有多少是培训后新的行为模式的表现；三是自我记录，受训者对实施的每项教育教学活动过程进行记录，根据这些记录了解受训者的工作行为是否有改进。

第三节　学生管理

一、学生管理的概念与特点

（一）学生管理的概念

学生管理是指学校管理机构和管理人员，为了实现学校的培养目标，按照国家的教育方针和各项政策法规，科学地、有计划地组织、协调、指挥学校内部的各种财、物、时间、信息等因素，用以规范学生在校阶段的各项活动。学生管理的基本内容包括思想教育管理（德育管理）学习、学籍管理（智育管理）、生活、行为管理、组织管理以及课外活动管理等方面。

（二）学生管理的特点

1. 教育性

学生管理要发挥学生的主体作用，提高他们的主人翁意识，鼓励和吸收他们参与管理，为他们提供服务和引导，对他们进行"三观"（世界观、人生观、价值观）教育和"三生"（生存、生活、生命）教育。

2. 开放性

学校对学生的教育和管理要有整体观念和开放视角，既要通过课堂教学，也要通过团队组织、校内外活动以及社会、家长等多渠道、多方式进行，形成合力。

3. 持续性

学生管理要建立长效机制，使学校内外、课堂内外、家庭内外的教育有机结合，使外在管理和自我约束、思想工作和制度管理有机结合，提高学生管理工作的系统性、连续性和有效性。

4. 具体性

学生年龄越小，学生工作管理的直接性和具体性就越强。例如，对年龄小的学生的教育就不能说一些空洞的大道理，对他们来说，道理越直接具体就越可接受。

二、学生管理的任务与内容

（一）学生管理的任务

教育行政部门和学校是进行学生管理的主要机构，两者在根本目的上是一致的，但在任务上各有侧重。教育行政部门偏重于宏观调控，通过把握学生的总体状况，发现学生管理中的普遍问题，研究与制定相应的法规与政策，起到间接管理学生的作用。而学校偏重于微观管理，其任务主要有以下几个方面。第一，用国家的教育方针和政策，统一教职员工的思想和教育行为，开辟有效的教育教学途径，培养学生自学、管理、自我教育及心理承受能力，为其确立正确的人生观、世界观打下基础。第二，制订并执行学校学生管理工作计划、管理常规和管理措施。第三，健全和完善学校管理组织系统，主要是健全和完善班级管理组织，明确班级管理的任务与目标，选派好班级管理的领导者—班主任，健全班委会，挑选与培训班干部；建立与健全年级管理组织，统一本年级管理力量和管理活动；健全以教导处为主体的学生管理指挥系统，以统筹安排、统一指挥。第四，实现教育教学、生产、科研与经营管理工作的一体化，以有效地进行学生管理工作。

（二）学生管理的内容

第一，学习管理，促使学生明确学习目标，端正学习态度，掌握学习方法，养成学习习惯，提高学习的自觉性。第二，生活管理，教学生学会做人，引导其与人正确交往，掌握生活常识、技能，培养生活自理能力，养成良好的生活习惯。第三，心理辅导。开展学生心理健康教育，缓解心理压力，加强意志品质和约束能力的培养训练，预防和治疗各种心理障碍，培养良好的个性心理品质。第四，思想品德教育。加强思想品德教育，引导学生树立正确的世界观、人生观、价值观、生命观，提高其思想觉悟，训练和养成学生良好的行为规范，把学生培养成为热爱社会主义热爱祖国、具有公德意识、遵纪守法、文明礼貌的合格公民。第五，课外活动管理。加强课外活动的组织和管理，开展各种形式的兴趣活动和文体活动，丰富学生课业文化生活。第六，安全卫生管理。建立健全安全、卫生管理制度，对学生开展生活安全卫生、教学安全卫生、劳动安全卫生及人身安全等方面的教育活动。第七，教育协作管理。建立学校、家庭、社会相协调的教育委员会，聘请校外辅导员、法制副校长等，发挥三方作用形成教育合力。

三、学生管理的原则与方法

（一）学生管理的原则

1. 学生管理工作方向性原则

管理是一种有目的的活动，管理工作必然具有方向性。以坚持社会主义方向为准绳是我国学生管理工作的一个本质特点。我国是社会主义国家，自然要使学校成为社会主义性质的育人场所。社会的性质制约着学校的性质，进而决定学校一切管理工作的性质。因此，学校学生管理工作作为一种有目的有意识的自觉活动，必须坚持党的领导，坚持社会主义方向，为社会主义现代化建设培养大批合格人才，这是学校学生管理工作必须遵循的一条最基本、最重要的原则。

2. 行政管理与思想管理相结合的原则

对于学校而言，其培养学生具备较强的共产主义思想需要做好如下两个方面的工作：其一，学校的教师需要对学生进行详细的理论讲解，使学生能够最大程度地理解共产主义的思想。其二，学校的教师还需要对学生进行一定规模和时间的行为训练，这是因为理论知识毕竟需要实践才能够更好地被学生理解和应用，从而使学生能够把这些理论要求等转化为自己的行为习惯等，这样才能够真正地发挥教育的目的，并且塑造学生的行为习惯。在一个学校中，学校的教育者和管理者要想对学生的行为习惯等进行训练需要采用完善、科学的管理，不断提升管理的效率，优化管理的规则，逐步地制定合理的管理制度以及相关的学生行为规范等，从而使学生的管理做到有理可依，并且要引导学生更好地落实这些制度和准则等。这也就要求学校在对学生进行管理的时候要重视运用行政管理的手段，使其发挥较强的作用。然而我们需要明确的是，在现实生活中，学校的教育者或者管理者对学生开展行政管理的时候一定要把握好管理的分寸和度，并且要在这个过程中对学生适当地开展思想管理，从而使学生能够从思想的深处认可学校制定的各种学生管理的制度和规则等，这样才有利于学生的管理落到实处，否则一旦学生的思想工作还没做好，学生在思想的层面并不认同学校制定的学生管理制度等，这样在管理的过程中就很容易激化师生之间的矛盾，从而使学生的管理处于一种窘迫的境地。

3. 先进性原则

所谓先进性原则主要就是指学校对学生进行管理的时候一定要学习和采用当下先进的科学技术手段，并且要在管理的过程中制定一些可以长久持续发展的管理策略，把最新颖的管理理念等引入学校的学生管理中，从而更好地对学生开展更加有人性化的管理。众所周知，学生往往都具有较强的求知欲，他们也十分乐于接受新鲜的事物，因而这就要求学校的管理者在管理学生时一定要能够做到与时俱进，要能够充分地了解学生的思想和动态等，从而使管理的措施等更加有利于学生的学习等。管理者可以把信息化的手段融入学生的管理中，从而不断提升学生的综合素质，使学生能够在学习阶段养成一些可以让他们终身受益的行为习惯等。

4. 服务性原则

所谓服务性原则就是指学校对学生进行管理的时候一定要充分认识到学生的地位，即学生才是学习的主人，学校对学生的管理实际上就是为学生提供更好的优质服务，为学生创设更好的学习环境等，而不是纯粹为了管理学生设定的各项规则，其根本的目的还是为学生提供服务。我们也可以这样理解，即学校是采用服务的方式来达到一定的管理目的，管理并不是终极的目标，为学生提供服务才是终极的目标。具体分析而言，第一，在各项学生的管理中，其实管理者都是发挥一个服务者的作用，其都是在为学生提供各种服务，帮助学生更好地开展学习活动。第二，在具体的管理过程中，管理者一定要能够做到换位思考，真真切切地感受学生的需求，并且摆正自己在管理中的角色，即服务者的角色，从而更好地提供有用的服务和帮助。

(二) 学生管理的方法

1. 加强学生自我管理

自我管理就是指学生对自己的学习和生活等进行管理，这种管理形式能够在一定的程度上反映学生的主观能动性和自觉性，同时也是一个学生管理的最高的表现形式。众所周知，学校对学生进行管理的根本目的就是为了让学生能够形成良好的生活和学习的习惯，从而最终使每个学生都能够具备一定的自我管理能力。当学生具备了一定的自我管理能力的时候，这也就意味着学生已经开始从他律过渡到了一个自律的阶段，这对于学生的学习和成长而言都具有重要的意义。因而我们要加强学生的自我管理，使学生以更高的标准要求自己，并且对自己的各种想法和行为等进行一定的约束，从而使学生在自我管理的基础上成为更好的自己。

对于学生个体而言，随着他们逐步成长和发展，他们的自我意识就会变得越来越强烈，这个时候他们往往也会初步地形成了自己的人生观、价值观和世界观等。这个时候学生就可以自主地调控自身的各项行为和思想等，从而渐渐地步入自律的阶段，并逐步地培养和形成较强的学生自我管理的能力。因此，学生的自我管理重在学生的主体感受和参与。

学生的自我管理活动可分为群体性活动和个体性活动。群体性活动是指学生在学生组织内部承担一部分管理责任的活动。这种活动具有较高的要求、较强的实践性，必须积极为广大学生创造参与这种活动的机会和条件。个体性活动是指学生个人自发地或者是在从众心态的驱使下参与管理或自律的活动，应当积极启发学生对这种个体性活动的自觉性和坚定性。无论是群体性还是个体性的自我管理活动，都需要学生运用自己的独立决策、独立思维和独立工作的能力，在实践中不断提高自己的自我控制和自我教育水平。

2. 实施精细化学生管理

精细化学生管理是以管理行为和操作精细化为基本特征，通过改善和提升学生的基础素质，克服管理者的自身惰性，控制管理工作疏漏，强化各项活动的有效连接，促进各部门的协作管理，从而提高学生工作整体效果的学生管理方法。

精、准、细、严是精细化学生管理的核心思想，它以科学管理为基础，通过充分有效地运用人力、物力、网络等各项资源，谋求效率、效果的最大化。

精细化学生管理是一种过程，由粗放到精细是教育观念长期进化的一个过程，是一个以时代变迁为背景、不断进步的过程。精细化是个相对的概念，是与粗放管理模式相比较而言的，因此，只有管理者思想观念上有了更新，才能有精细化的发展，才能形成一个明显的对比。

过程化管理是学生管理精细化的外显内容之一，按照不同角度对学生全方位地施加教育影响，是过程化管理的主要形式。例如，以时间顺序，学生每天的经历成为教育过程的载体，从早上起床的时间、早操或晨读、课堂学习、午休、课后文化活动、晚自习到最后的晚上按时就寝等过程都可以作为开展学生思想和行为教育活动的依托，只有把每一项学生可能的经历作为其受教育和关心的媒介，才能真正把握学生个人发展的方向。

3. 加强学生个体与集体管理

学生的集体管理主要表现为学校管理一般主要针对全校的学生提出管理要求和采取管理手段，很少是针对特定个人的管理要求和手段。因此，学生的集体管理依据集体所包括的范围分成两类：一类是将整个学校的学生作为一个集体进行管理。这种对学生的集体管理一般是对学生在学校学习、生活等方面的基本义务做出规定，通常只有所有学生都达到要求才能够维持学校的正常学习秩序和生活秩序，才能够保障全体学生全面发展的基本要求。另一类对学生的集体管理是将具有相同或者相近特质的学生看成一个集体，统一进行管理。这类集体通常形式多样，负责的管理组织和管理者也不尽相同。例如，将学生分成不同的年级进行管理，按照班级编制进行管理，按照学生的特长组成集体进行管理，按照学生的课外兴趣组成集体进行管理等。各个集体之间允许交叉，因此第二类集体管理的管理对象会经常存在交叉和重叠，需要相应的管理组织和管理者之间建立良好的关系，有良好的沟通渠道和协调规则。

总而言之，第二类集体管理实际上是对第一类集体管理的进一步具体化，增强了学生管理的针对性，能够在很大程度上降低管理成本、提升管理效果，也能够在一定程度上帮助学生实现个性发展。但是，无论是哪一种集体管理，对更进一步的学生特质都无法进行有针对性的管理。因此，学生作为人，无论怎么划分成集体，集体内部的个人与个人之间都存在异质性，就像世界上没有两片完全相同的树叶一样。但是，针对学生个体进行管理的成本过于高昂，包括金钱、精力、时间等。通常只有那些需要特别帮助的学生才考虑对其进行个别管理和帮助。也就是说，只有集体管理的效果不理想，而个别学生又确实需要特别的帮助才能够回归正常的全面发展轨道时，才采取个体管理的方法。个体管理的方法虽然成本高昂，但是出于教育的目的和学校的责任，在特别的时候必须要采取个体管理方法，不能因为管理成本的问题而放弃任何一个学生。

4. 加强对学生的激励作用

所谓激励就是指学校要采用一定的措施和手段等来激发学生的学习动力和积极性，充分调动起学生的学习热情，从而起到较好的教育效果。在学校实际的教育实践中，激励教育可以达到很好的教育效果，然而教师在具体的运用过程中还需要注意以下几个方面的问题，这样才可以使激励教育更好地起到激励的效果，否则就会降低激励的效果。具体分析而言，第一，教师在激励教育中一定要充分地了解和尊重每个学生。这是因为教师是需要对学生进行激励的，因而教师一定要端正态度，认识到学生的优点和缺点，从而对其进行正面的鼓励和激励。如果教师对学生有不尊重的行为或者语言等，那么学生就很难从内心深处认可教师的激励，并且很有可能会产生一些敌对的情绪，这样就很容易挫伤学生的积极性，从而降低激励的效果。第二，教育者在对学生进行管理时可以尝试着激发学生的内驱力，一旦学生有了学习的内驱力，这样学生才会愿意积极主动地探索自己感兴趣的内容或者课题等，这样可以达到很显著的激励效果。第三，在教育的实践中，教师可以采用多样化的教学方法，从而给学生带来新鲜感，这也能够增强学生的学习兴趣，起到一定的激励效果。一旦学生在学习的过程中取得了一定的成绩，教师一定要及时地给予肯定和鼓励，这样才会增强学生的自信心，使其更加愿意学习和探索。

第六章　职业教育管理学

在现代社会中，教育的种类很多，其中职业技术教育是当代教育中不可或缺的一部分，同时职业技术教育也为社会的前进和发展等培养了大批的专业技术人才，从而为社会的发展贡献了较大的力量。换句话说，在工业化的进程和现代化发展的进程中，职业技术教育起到了支柱的作用，是社会发展的重要推动力。对于整个社会的发展而言，政府的相关部门大力地推动和发展职业技术教育不仅能够为社会培养很多掌握专业技术且具有较高思想道德水准的技术人才，同时也有利于维护我国的社会主义制度，凸显工人阶级的重要地位。因此，必须坚定不移地把教育事业摆在社会主义发展的战略地位，尽快形成全社会兴办多形式、多层次职业技术教育的局面。职业技术教育发展和提高关键在管理。应向管理要速度，向管理要质量，向管理要效益。目前，我国发展职业技术教育的路线、方针已经明确，主要在于具体地、科学地管理。因此，我们迫切需要发展职业技术教育管理的研究、传播和运用；迫切需要广大职业技术教育管理干部提高现代管理的理论水平和管理能力。

第一节　职业教育管理学概述

职业教育管理，是组织职业教育活动、协调职业教育领域及与之相关的人、财、物、事等因素，以实现职业教育职能的活动。亦即对职教领域（事业或学校）的人、财、物及教育活动等进行规划、组织、指挥、协调、控制，以更多更好地培养各级技术人员、管理人员、技工和其他良好职业培训的城乡劳动者的社会活动。它既包括职业教育事业的管理，也包括各级、各类职业教育学校（培训机构）的管理。它既是教育事业发展的需要和必然产物，也是管理事业、管理活动发展的结果。

一、职业教育管理学的基本原理

(一) 职业统筹协调原理

高等职业教育和培训涉及经济、科技、财政、金融、社团、行业、企业等诸多部门。发展高等职业教育和培训是在政府宏观调控主导下走"经科教"统筹结合之路，必须统筹规划，合理布局，形成规模、提高质量和效益。政府部门要加强宏观指导和统筹力度，建立服务保障体系，促进"经科教"三个部门的结合，实现优势互补，要多渠道增加职业教育投入，建立地域高等职业教育网络体系，形成较大规模的高等职业教育中心，发挥高职教育中心的多功能作用，提高高等职业教育的产出。

高等职业教育和培训在办学过程中要形成当地政府主导、行业指导、企业参与、产教结合、校企合作的格局，政府要加强宏观调控，建立服务保障体系，微观办学主体要面向社会、面向市场，自主灵活办学，提高核心竞争力，积极参与竞争。

(二) 系统目标管理原理

高等职业院校是为当地社会经济培养各类高级技术技能型职业人才和开发劳动力资源的基地，对其工作的衡量标准是院校培养职业教育人才的质量和数量。对高等职业院校管理工作的全部要求就是实现培养合格的质量高、数量足的高技术技能型人才目标。教育目标的实现涉及办学指导思想、办学规模、专业设置、办学基本条件（校舍、经费、师资、教学设施、生产实习基地、图书资料等）、学校领导班子、行政管理、教学管理、后勤管理、校办企业管理、生产实习管理、学生管理等一系列要素，这些要素构成了学校管理系统。

在高等职业教育行政管理上要运用系统目标管理方法。所谓系统目标管理，就是高职院校要根据当地社会经济对各级各类职业人才的需求，确定一个明确的总体目标，然后围绕总体目标的实现逐级确定学校各单位、各部门乃至每一个工作人员的子目标，从而使总目标与子目标融为一体，构成目标体系，再由目标体系推演出目标保障系统、目标对策系统及目标考评系统，最终通过个人目标和部门目标来实现。通过科学系统的管理，在办学形式上实现多样性和灵活性，在师资队伍管理和建设上实现"双师型"，在教育教学上实现整体性，在人才培养上实现技术技能化，进而使总目标得以全面实现。所以，高职院校要最大限度地运用系统目标管理方法，在量化管理上要用好线性规划、整数规划、预测论、决策论等管理技术。

（三）超前、反馈、控制原理

任何一个有目的的行为都是一个反馈控制过程，即把系统输出端总结果的信息（目标达成度）再返回系统输入端，以校正系统的再输出，使之逼近乃至完全达到预期的目标。所以，一般的系统目标管理注重的是输出端的测定和评价，实施反馈控制。

对高职院校管理工作来说，输出端的最终结果是人才。但人才的质量和效益具有后效性，要在若干年乃至十几年后才能完全反映出来。因此，学校管理很难按培养目标的达成度进行反馈控制，而是要通过实现培养目标因果关系的分析，再逆向推演出一系列分阶段的管理子目标构成系统目标体系，对系统分阶段子目标的达成度进行测量和评估以实现超前反馈控制，这种特殊的反馈控制为超前反馈控制。

（四）特色原理

高等职业教育管理的特点源于职业教育特色，其特色主要是教育目的的经济性、培养规格的多样性和定向性、办学思想的社会性、办学形式的灵活性、市场与计划调节的双重性。高等职业教育以能力为本，教学重实践和应用。相应地，管理有地方性、行业性、专业性、社会性、开放性、整体性，这是区别于一般学校管理的特性。同时，也具有学校管理的教育性、双主体活动的复杂性、人才培养的长效性、延长性和动态过程中的随机性等特点。还有一般管理的基本属性、指挥活动与监督活动的两重性、科学性、民主性和领导艺术性等。高等职业教育管理要体现培养目标的职业性和教育管理的方向性、办学形式多样性与管理上的灵活性、师资构成的复杂性与管理上的综合性、教育管理的社会性与管理工作上的整体观念性。①

二、职业教育管理学研究的对象

职业教育管理学是研究职业教育管理现象、探讨职业教育管理规律的科学。

现象是本质的显现，规律是本质的反映。现象是外在的，规律是内在的。规律寓于现象之中。因此，职业教育管理学的研究对象，或者说，职业教育管理研究的直接对象是职业教育管理事项，根本对象是职业教育管理规律。

职业教育管理学是研究职业教育的管理现象和规律的科学，它不同于研究

---

① 付兴国．现代高等职业教育论［M］．北京：中国轻工业出版社，2014：65．

职业教育现象和规律的职业教育学。管理现象即对职教事业、职业教育活动、职业教育领域里的人、财、物、时间、空间、信息等进行管理的现象。职业教育管理规律是职业教育领域中管理活动的运行规律，是管理者运用管理手段作用于管理对象追求管理效能的运动规律，是管理者和被管理者行为活动之间的矛盾运动规律。

因此，职业教育管理学的性质是综合性学科。它既是教育学发展的分支，更是管理学分化的分支，是职教领域里的管理科学，是管理学与职业教育学的交叉学科。人们不能认为它只是教育学的分支。

三、职业教育管理研究的内容

职业教育管理研究的内容范围是职业教育全领域、全系统。它既包括职业教育事业的宏观管理，也包括各级各类职业教育学校的管理。它既研究政府对职业教育事业的宏观管理，又研究学校以及学校各部门、各方面的微观管理。

职业教育管理学研究的内容主要是职教管理的基本理论、基本要素和基本方法：（1）基本理论研究，包括职业教育管理各层级的基本概念、基础知识、基本原理、基本原则等研究。（2）职教管理的基本要素的研究，包括职业教育管理者，职业教育管理的各级机构、制度以及对各方面管理的计划、组织、协调控制职能等。职业教育管理对象包括教师、学生、职工、德育、智育、体育、美育、劳动技术教育活动的管理、教育投资、经费管理，校产及设备管理，以及行政、后勤、研究、对外联系、图书馆、实验室等教育支持条件的管理。（3）管理基本技能和方法的研究，包括各种管理的方法、手段、技术与艺术以及管理者的管理能力等。

第二节　职业教育的特点、功能及规律

一、职业教育的特点

高等职业教育是高等教育体系的组成部分，但与普通高等教育不同，它有自身的特点。只有先弄清楚高等职业教育的特点，才能建立符合其特点的科学的质量观和评价标准。与普通高等教育相比，高等职业教育有以下几方面的特点。

（一）以能力为本位的培养目标

高等职业教育不是为了培养将客观规律转化为科学原理和学科知识的学术型、研究型人才，而是要培养把科学原理和知识转化为应用和行动方案，把应用和行动方案转化为产品、服务、管理等物质和精神财富的技术型、技能型人才，是培养适应生产、服务第一线的高层次应用型人才。它注重实践能力和操作技能的培养，具有较强的职业针对性。

（二）以职业为本位的培养方式

高等职业教育的培养方式是进行具有专业岗位和岗位群适应性的教学，在教学中强调职业或岗位所需能力的确定、学习和运用，其教学内容是成熟的技术和管理规范，教学计划、课程设置并不完全按学科体系的要求来安排，而是以专业岗位和岗位群的必需为原则；学生对知识的掌握以"必需、够用"为准则，并不强调掌握知识的系统性，而对学生职业技能的培养比较重视，要求学生在上岗前达到一定的技能水平，毕业后马上就能顶岗工作。因此，在教学中，要求加大实践和现场教学的比重，加强实践教学环节以达到某种职业从业能力对学生的能力要求。

（三）以市场为标准的专业设置

普通高等教育虽然不可避免地要面对日益发展和变化的社会需求，但它的专业设置根本上说是以社会已经形成的学科知识体系为背景的，具有学科本位的特征。而高等职业教育虽然也要依赖各个门类的学科知识，但专业设置是以在不断变化着的市场需求中形成的社会职业岗位为背景，是根据经济发展需要和职业岗位的业务范围来确定，因此具有职业本位的特征。

（四）课程教学的应用性、实践性

与普通高等教育的学历教育不同，高等职业教育不追求课程内容的系统性和完整性，而更侧重于应用，强调针对职业岗位操作过程的基本要求，具体工作条件及工作地区环境和特点开设课程、选择教学内容和手段，加强实践教学环节，特别强调学生的动手能力和实践技能的训练。

（五）职业教育的区域性

我国地域辽阔，区域经济存在很大差异。沿海地区经济比较发达，现代化的经济格局基本形成，对适应现代生产、服务第一线岗位和岗位群需要的人才需求量较大。广大西部地区经济和产业结构相对落后，生产、服务第一线职业岗位和岗位群需要的人才在结构、层次等方面同沿海地区相比有着一定的差距。因此，高职教育必须体现出区域性特征，因地制宜。我国的高职教育是由分布在不同区域的高职院校来承担，因此，各高职院校应以立足地方、服务经济为办学宗旨。这样高等职业教育才能在有针对性、高效益、低成本、无恶性竞争的条件下健康发展。

正是由于高职教育有上述特点，它的质量观和标准才不同于普通高等教育，有其自身的特色。

二、职业教育的功能

(一) 职业教育是人力资本形成的重要途径

1. 职业教育能将人口资源转化为人力资源

国家开展的职业教育有利于对人口资本进行必要的转化，同时也有利于对人力资源进行一定的提升和改善。众所周知，目前我国的劳动力水平一直比较偏低，我国的人口中接受过高等教育的人口数量也十分有限，因而这也会在一定的程度上制约着我国的经济发展和社会的进步。这也就要求我国要大力开发人力资源，使越来越多的人掌握先进的技术和技能，从而更好地服务社会，推动社会的前进。职业教育就能够很好地培养专业技术型的人才，充实我国的人力资源储备。

2. 职业教育是提高人力资源质量的最佳途径

事实上，对于一个社会的发展而言，社会大力地发展职业教育，同时开展一定规模的职业培训等活动就能够显著地提升社会劳动力的水平和质量，从而最终提升整个社会的人力资源的质量。职业教育不仅可以对学生的行为等进行一定的约束和规范，它同时让学生掌握多样化的专业职业技能，这很有可能会成为学生将来谋生的手段。这也是学生将来在社会中竞争的优势所在。此外，职业教育的规模也在渐渐地扩大，因而越来越多的学生就有机会参与职业教育，其教育的时间往往相对比较短，因而可以在较短的时间内学习相应的职业技能等，这也有利于学生在社会实践中运用这些职业技术，更好地适应社会。

3. 职业教育是促进人力资源有效使用和合理配置的有效手段

职业教育是在经济发展计划中实现劳动力资源平衡的一个杠杆。国家通过对各类职业教育发展的速度、规模有计划的调控，提高群众的就业能力，提供就业指导、职业介绍，影响群众就业方向和储备人才资源，实现劳动力资源平衡。职业教育具有社会福利功能，通过职业教育提高处于不利地位的社会群体的就业能力，增加他们的就业机会，有利于相关社会问题的解决。职业教育肩负着开发、调节、储备社会劳动力资源，促进经济发展、社会安定的重大使命。

（二）职业教育的文化功能

职业教育不仅是在一定的政治、经济条件下进行，同时，也处于一定的文化背景之中。一定的文化背景与职业教育之间必然产生一定的联系。这主要表现在职业教育发展过程中，文化以其特有的约束力，以一种潜在的方式影响着职业教育，职业教育则通过选择、传播、整理等方式促进着文化的发展。

1. 职业教育具有保存传递和更新创造文化的功能

随着人类社会的产生和不断发展，职业教育也渐渐萌芽并且获得了一定的发展，可见职业教育和人类社会的很多方面都息息相关。例如，职业教育和人类社会的政治、科技、文化等都联系紧密。众所周知，在我国一般都是各级各类的职业技术院校对学生开展职业教育，它们会向学生讲授职业道德、纪律以及责任等内容，这些层面的内容都是和我国的思想政治教育有较大的联系。又如我国还有不少的职业院校都是专门属于工业领域的职业院校或者农业领域的职业院校，这些职业院校设置的专业课程都具有较强的专业性和针对性，它们会紧紧地围绕工业生产设置课程或者紧紧地围绕农业生产设置课程，从而向学生传授工业或者农业领域的知识、技能以及文化，从而为社会发展培养专科的人才。总而言之，我国各级各类的职业技术院校在开展教育的过程中会向学生传递很多专业的文化知识以及我国优秀的传统文化知识，同时他们也会在这个过程中创造新的文化，推动文化的传承和创新。

2. 职业教育对企业文化的促进作用

现代职业教育与企业有着天然的联系，这种联系表现在文化上：一是聚合企业文化。反映一定历史时期企业文化的精髓，用现实生产力和生产关系的内核决定教育的方向和内容。复制一定企业的优秀文化，然后进行优化、强化，进而在教育中渗透；二是选择企业文化。受职业类型的制约，需要选择很难共生于一个教育实体内的不同产业和行业的企业文化。同时，企业文化有地域之分绩效之分，甚至优劣之分，定向服务的职业教育必须根据人才培养的规律和自身面临的社会政治、经济、文化背景和易于与校园文化相融合来选择最合适的，这才是有效的；三是传递传播企业文化。企业文化都有一个形成和发展的过程，在时间上，职业教育通过传递使之延续，在空间上使之流动，让足够多的人接受企业文化，发扬和发展企业文化；四是创新企业文化。职业教育把现有的企业文化不断转化为学习者知识、能力行为规范后，又创造性地反作用于客观的企业文化，赋予企业文化以新的内容和特质；同时，在这一过程中，不同产业、不同行业、不同企业甚至不同国度的文化通过职业教育相互交融，彼此促进。

（三）职业教育促进人全面发展功能

1. 职业教育促进个体的全面发展

职业教育是实现人的全面发展的一种具体形式，为实现人的全面发展提供了具体方式和手段，是现实生活中人实现人的全面发展的基本途径之一，对于人的成长价值有着以下三个层面的发展作用。

（1）关注人的生存是最基本的层次。职业教育对人的价值首先表现为满足人们生存的需要。从人的需要层次理论来看，生存是最基本的需要，从职业教育自身的发展水平来说，这也是最基本的层次。

（2）持续提升人的职业品质处于较高一级的层次。这是建立在人的生存（生活）基本上得到满足的基础上的。职业教育在满足人们生存需要之后，它还具备更高层次的价值——培养具有良好的思想道德、知识技能和人文素养的技术技能人才，职业教育自身的发展也走向了这一步。

（3）实现人的成长是最高层次的发展水平。职业教育作为一种教育，它的核心功能仍然在于促进人的发展，让每个人都成为有用之才，回应人们对美好生活的期盼。这也是职业教育所追求的终极目标，自然也是最高层次的发展水平。

职业教育最大限度地满足社会的发展需要，其实质就是最大限度地满足个体全面发展的需要。

2. 职业教育满足人们特殊发展需要，促进人的个性差异发展

职业教育的根本意义在于强调人与人之间的个性差异和性格特征，以人为本位，以个体为本位，对不同类型学生进行关注和探求，满足人的个性差异发展和需求，为社会不同的人提供了广阔的选择和发展的空间，促进人的价值自我实现。

（1）职业可以满足人们展示个性和发展个性的需要。人的个性差异有先天生理与心理上的原因，更主要的是由后天教育、环境特别是职业所形成。人们可以通过对职业的选择发挥自己的特长，满足自己的兴趣、爱好，实现自己的理想。人的一生大部分时间都是在职业生涯中度过的。职业教育是以每个个体的具体的职业发展为目标，通过不同的专业或工种、不同的教育内容与形式来挖掘人的个体潜能，激发和张扬个体的特殊潜能。

（2）职业教育的专业或工种设置以社会的职业分工为基础，较为具体地反映了社会不同职业岗位对人才素质的不同要求。职业教育按专业或工种实施教育，为不同个性类型的个体提供了发展的选择性，有利于扬人所长避人之

短。根据职业指导理论，人的各种能力模式和人格模式总能与某些职业存在着相关，一旦个体找到并进入与自身个性相宜的职业发展轨道，就如鱼得水，天赋潜能必然最大限度地发挥。

（3）职业教育可以通过定向教育与培训，开发个人潜能，发展学生的特殊兴趣与才能，促进和发展学生与所选职业有关的才能，充分发挥人的个性特长，使之顺势成才。职业教育多层次、多规格的办学形式可满足个体各种水平、各种目的的发展需要。

（4）由于人的可塑性很大，人的兴趣、能力、性格是可以培养的，职业教育还能够通过有目的、有计划的系统训练，弥补学生在某种职业上才能的不足，有助于人的多方面发展和职业的流动与转换。

这是职业教育在人的个性发展方面的特殊功能，职业教育使每个受教育者都有充分的选择和发展的平台，充分体现个性化与人性化，获得人生出彩的机会。①

三、职业教育的规律

职业教育在社会经济发展和现代教育中都占有重要地位，发挥着重要作用。为了促进职业教育发展和深化职业教育改革，了解和研究职业教育的规律具有重要的意义。职业教育的基本规律有两个方面：一是指它与社会生产力、政治经济制度的必然联系，即外部规律；二是指它在发展过程中其本身内在的各方面的必然联系，即内部规律。概括起来，有以下几条主要的基本规律。

（一）制约性规律

制约性规律主要是指职业教育要受一定社会的生产力和政治经济制度的制约。在任何社会里，生产力和生产关系都制约着职业教育的目的。只不过社会政治经济制度不同，职业教育的目的在本质上也有不同而已。资本主义职业教育的目的是为资本家获取最大的剩余价值服务，而社会主义职业教育的目的是为社会主义建设培养人才，是为了满足人民日益增长的物质文化生活需要。生产力和社会政治经济制度制约着职业教育发展的规模和速度。一方面，发展职业教育必须有一定的物质基础，这要受当时的生产力发展水平的限制，不能超越生产力不可能提供的物质条件。因此职业教育的发展规模和速度必须与目前社会生产力发展水平相适应，必须从实际出发，从人力、物力和财力等方面做出统一的发展规划。另一方面，职业教育的发展要受社会政治经济制度的制

---

① 王辉珠. 现代职业教育学概论［M］. 西安：西北大学出版社，2015：67.

约。如在社会主义制度下，通过国家的指导和宏观调控，职业教育的发展规模和速度才能更加适应经济和社会发展的需要。

生产力和政治经济制度制约着职工教育的内容。随着生产力的发展，人们对客观世界的认识不断深化，自然界各个领域的知识逐渐系统化、科学化，形成了独立的科学体系，并被广泛地应用于生产和社会实践。生产力的发展、政治经济制度的变革要求对职业教育的内容进行相应的改革，于是职业教育就把与生产发展和政治经济制度变革直接相联系的知识和技能纳入其教学与培训的内容，使职业教育的内容更具有特色。

(二) 服务性规律

服务性规律是指职业教育要为一定社会的生产力和生产关系、上层建筑服务。这主要表现在它对生产力的发展、对生产关系和上层建筑的完善与变革起着促进作用，也就是职业教育对生产力和生产关系、上层建筑的反作用。

(三) 按需办学规律

按需办学规律是指职业教育要面向生产和工作需要办学，按社会政治、经济需要培养人才。按需办学不仅是世界各国职业教育发展的总趋势，更是加快我国社会主义建设的内在需要。各级各类职业学校和职业培训机构要根据生产和工作需要进行改革，无论是学历教育还是各种职业培训，都要面向生产和工作需要办学，使职业教育真正做到直接、迅速、有效地为社会主义经济建设服务。因此，职业教育的结构、职业学校和职业培训机构的建立、职业学校的布局、专业和课程设置以及发展规模和发展速度等都要进行合理的规划和客观调整，以免出现乱办学的现象。

培养什么样的人是职业教育需要深入研究的基本课题。不同的社会培养人的目的不同。在我国，职业教育必须按党的教育方针，按社会主义政治、经济需要培养德、智、体全面发展的社会主义事业的建设者和接班人。要遵循社会主义职业教育的客观规律，在培养人才的问题上坚持以下原则：(1) 坚持德、智、体全面发展。这是社会主义职业教育在培养人才方面最根本的需求。作为社会主义的劳动者，在从事某种职业生产劳动或工作、进行各种社会交往及进行各种社会实践活动中，德、智、体三个方面都不可缺少，任何一个方面都是获得良好职业成效所必需的，三者之间存在着相互制约、相辅相成的紧密关系。(2) 坚持德才兼备的培养目标。按照德才兼备的政策培养人才、使用人才这是我们党一贯的要求。坚持德才兼备必须克服以德代才或重才轻德的错误倾向。职业教育一定要坚持德才兼备的培养目标。(3) 坚持职业教育与生产劳动相结合。

教育与生产劳动相结合，是社会主义教育事业发展的需要，对于职业教育来说尤为重要。现代生产力是智力的物化，在新的历史条件下，职业教育与生产劳动相结合是提高劳动者素质的主要途径，是职业教育为经济建设服务的根本措施。它的基本涵义是在职业教育教学活动中，根据培养目标的需要将教学与生产劳动紧密结合起来，使之成为互相制约的一个整体，贯穿于学校教育的全过程，实行理论与实际相结合，促进受教育者知识的增长和职业技能的提高，从而达到培养合格人才的目的。（4）坚持把思想政治教育摆在重要位置。无论是职业学校教育，还是职业培训，都不能只抓专业知识教育和职业技能训练而忽视思想政治教育。职业教育必须把培养合格的劳动者作为办学的根本任务，把坚定正确的政治方向放在职业教育工作的首位。在认真抓好思想政治教育的同时，重点抓好专业知识教育和职业技能培养，使受教育者成为"四有"新人。

按需施教规律怎样培养人是职业教育要研究的另一个基本问题。职业教育与普通教育不同，它的教育对象十分广泛，既有青少年又有从业人员。随着职业教育向着高级化、终身化发展，职业教育的重点也将从以学历教育为主向以职业培训为主转变，其教育对象也将以从业劳动者为主。一般来说，他们有明确的学习目标，较强的自制能力、思维能力、想象能力，但对接受职业教育的成人来说，记忆能力较差，生产和工作负担重，这是他们的特点。作为在职劳动者，他们所从事的职业、职前的文化知识水平、职业对知识和技能的要求以及他们参加学习或培训的目的、需求和心理状态都有很大差异。他们对知识和技能的需要是多方面的。因此，只有统一要求是远远不够的，职业教育必须坚持因材施教的原则和规律，采取灵活多样的方法和措施最大限度地满足受教育者的各种需要，使职业教育取得事半功倍的效果。

但是由于我国还处在社会主义初级阶段，生产力发展水平还不是很高，职业教育的发展也不平衡。教育经费还比较有限，因此要完全达到按需施教还有一定的困难。在这种情况下，根据干什么学什么和缺什么补什么的教学原则，做到急用先学，使教学内容少而精，从而充分调动教学双方的积极性，真正达到学以致用的目的，做到快出人才，出好人才。①

---

① 车仁美，李万忠，江兴林，郭学柱. 职业教育工作手册［M］. 北京：中国人事出版社，2000：23.

第三节　职业教育管理者的素质与管理行为

一、职业教育管理者的素质

当今国际国内科学技术迅猛发展又不时对职业教育提出新的挑战，这就要求职业教育的管理者具有多方面的较高素质。当然，由于职业教育管理的门类和层次不同，对职业教育管理者的素质要求也不尽相同，但根据这一事业本身的特点，对高等职业教育管理者应有一些基本的素质要求。

（一）思想政治素质

主要是指思想政治品质和道德品质，这是管理者素质中居于首要地位的因素。一般应包括以下几个方面：

1. 有坚定正确的政治方向和远大的革命理想。高等职业教育管理者必须有科学的人生观和世界观，有坚定的共产主义信念，能够坚持党的路线、方针、政策，坚持四项基本原则，能够用马列主义的立场、观点和方法分析问题和解决问题，能够把马列主义的普遍真理同中国的实际结合起来。用搞好我国高等职业教育的实际行动为建设中国特色社会主义而奋斗。

2. 有全心全意为人民服务的思想，热爱高等职业教育事业。高等职业教育管理者应明确和深刻认识大力发展高等职业教育的伟大战略意义，从而把全心全意为人民服务的思想同本职工作结合起来，有强烈的事业心和高度的责任感，把对党和对人民的忠诚融于具体工作之中。

3. 具有开拓进取和自力更生、艰苦创业的精神。高等职业教育的管理者应根据我国高等职业教育的特点，充分发挥主观能动性，充分利用各种优势，广辟兴学门路，自力更生，艰苦奋斗，增强自身的"造血功能"和自我发展的能力。

4. 有密切联系群众的工作作风。职业教育通连着各行各业、千家万户，因此要求职业教育管理者要深入群众，体贴民情，了解民心民意，从群众中吸取智慧和营养，这是制定正确政策的重要依据，这样才能取得群众的拥护和支持，保证高等职业教育工作和各项管理目标的顺利实施。

5. 坚持实事求是，理论联系实际的思想路线。发展中国的高等职业教育，只有面对中国的实际，才能体现中国的特色。我国各地的情况千差万别，也必须从当地的实际情况出发，因地制宜。只有实事求是，才能公正廉明，扬正压邪，群众的积极性方能得到真正的发挥。

（二）知识素质

主要是指管理者的知识化、专业化，属于"才"的一部分或形成才能的基础。由于高等职业教育的复杂性，要求管理者具有广博的知识，除了专业知识以外，还要懂得教育学、心理学、政治经济学、领导科学、管理学等领域的相关知识，通晓农、工、商等各类知识。具体要求可简单概括为以下几点：

1. 要有一定的学历要求和学识基础水平。职业教育管理者的知识水平要求主要是基于职业教育管理活动本身是有规律的教育实践活动，因此要求管理者具有较系统的知识和较合理的知识结构。其受过高等教育，能够较好地实现科学管理的目标，当然要注意既要承认文凭，又不唯文凭，主要要求知识的实际占有量和综合运用知识的能力，驾驭知识的实际水平。职业教育的管理者没有高度的科学文化知识就没有高效应、高速度运行的管理活动。

2. 要掌握教育科学和管理科学理论。管理是职业教育管理者的职责和根本任务，因此要求职业教育管理者不仅要精通教育科学本身的规律，还要掌握管理科学理论和多方面的社会知识。这样可使职业教育管理活动有条不紊地进行。

3. 要懂经济。职业教育管理者应当既懂教育，又懂经济，这是时代的要求。教育要为社会主义建设服务，不了解服务的对象，当然就不可能提供优质服务。尤其是职业教育与经济建设联系紧密，因此要求高等职业教育管理者不仅要有经济理论，掌握信息，还要了解经济和社会发展情况及其对人才的要求，这样才能使高等职业教育主动适应经济和社会发展的需要。

4. 有丰富的现代知识并不断进行知识更新。当今，国际国内的各个领域正面临新技术革命的挑战，经济要发展、教育要先行，教育应具有超前性，这就要求与经济技术息息相关的高等职业教育必须向现代化迈进，无论教育的内容、方法、手段和教育管理都应建立在科学化、现代化的基础上。所谓现代管理是在科学管理的基础上，以电子计算机为手段，运用运筹学和系统论的方法，把管理的对象看成是人和物组成的完整系统而进行的综合管理。现代管理又特别重视以人为中心的管理，重视智力投资与开发。因此职业教育管理者必须不断以现代知识武装头脑，注意将系统论、控制论、信息论、价值工程、网络技术、电子计算机应用技术等现代管理理论和方法以及不断发展的交叉学科、边缘学科运用于职业教育及其管理，以现代知识和时代精神不断树立新观念。这是时代要求职业教育管理者应具有的新素质。

（三）能力素质

能力泛指能胜任某项任务或某种工作的主观条件，它是一个人的政治思想、学识水平、实践经验在工作中运用和发挥的综合表现。对高等职业教育管理者的能力素质，大体应有以下的要求：

1. 领导管理能力。职业教育管理者肩负重任，因此要有与之相适应的领导管理能力。领导的关键，一是掌握政策，二是用人。决策的正确性来源于深入细致的调查研究、冷静的思索、周密的分析综合。管理者的头脑中一旦形成目标，就要果断决策。组织能力的核心是用人能力。用人要"知人善任""用人之长"。众所周知，"金无足赤，人无完人"，关键是管理者如何用人。管理者还要有行政管理能力，抓住主要矛盾处理繁杂事物的运筹能力和应变能力，还要有一定的领导方法和领导艺术。

2. 调查研究能力。管理者要能够运用马克思主义方法论、认识论来认识、观察周围的各种事物，处理解决工作中的各种矛盾，应具备较强的调查研究能力。这种较强的调查研究能力来源于管理者的艰苦细致的务实精神和科学的求实思想，是在实践中经过长期锻炼形成的。

3. 社会活动能力。职业教育管理活动本身具有开放性和社会性特点，因此要求管理者必须有较高的社会活动能力。社会活动能力的培养，首先需要管理者将社会活动本身视为科学的实践活动，掌握其原则，探索其规律，善于运筹、协调，调动一切可以调动的积极因素，利用一切可以利用的有利条件，把自然和社会各种优势转化为发展职业教育的优势。社会活动能力是宣传、组织、交际、协调能力的综合反映，是管理者水平和能力的重要侧面。尤其是在生产力飞速发展的现代社会，社会活动能力尤为重要。

4. 语言文字表达能力。语言文字是思维的外在形式，是决策指挥的基本条件。因此管理者要经常进行语言文字基本功的训练，提高语言文字的表达能力。管理者也要学会运用态势语言，增强语言表达的气氛和效果。

5. 要有胆有识，有远见卓识。这是才能的一种表现，是教育行政管理者尤其应当具备的素质。"见"和"识"包括政治和业务两个方面，既要有识人之明，又要有自知之明。有识还要有胆，付诸行动，对党和人民有利的事情敢于开拓创新，披荆斩棘，这当然也是精神面貌和世界观的反映。没有这种精神和胆识，是难于搞好高等职业教育的。当然，人的能力有大小，职务有高低，工作有分工，不能用一把尺子来衡量。上述能力的要求是广大职业教育管理者的努力方向。

（四）身体素质

职业教育工作任务艰巨、繁重，这要求管理者有健康的体魄和旺盛的精力。若管理者的身体素质不好，纵然有满腔热情，也难免力不从心。

上述四个方面的素质要求多是对职业教育管理者整体的一般论述，对具体的某个管理者个体来说，当然各方面的素质越高越完备越好，但不能求全责备，有些标准既是要求也是努力方向。①

二、职业教育管理者的管理行为

（一）管理行为的重要性

管理行为是指管理者在管理活动中有意识的行动。它是管理的实践活动，是管理素质的外在体现，是内在的、影响管理效能的直接因素。一个人是否具备管理者条件主要视其素质情况；而一个人能否成为真正胜任而有效的管理者主要取决于管理行为。

（二）管理行为的内容与要求

管理行为主要是对待责任、权力、被管理者和管理活动的行为。

1. 责任行为

管理即管理人的劳动。或者说，是既管人又管劳动。因而，优秀的管理者应该是对人民极端热忱，对工作极端地负责任。或者说，既关心任务的完成、目标的实现，又要关心人，调动人的积极性，为被管理者谋利益。将二者割裂、对立，只见物、不见人或"好人主义"的行为都不是正确的管理行为。

2. 决策行为

决策是管理的首要和核心内容。决策行为是管理者的基本行为，是直接影响管理方向和效能的行为。优秀管理者的决策行为要求决策思想科学化，决策程序民主化，决策方法艺术化。要求"多谋善断"，防止主观武断或优柔寡断。

3. 用人行为

用人是管理的重要职能，是实现管理目标的依靠。知人善任是管理者优秀的品质。因而，用人行为是管理的基本行为。用人行为，一要重视人才，尊重人才，尊重人格。二要知心人，知人的过去，更知人现在；知人的短处、缺

---

① 藏广州．最新职业技校管理规章制度全集 上［M］．合肥：安徽文化音像出版社，2004：426．

点，更要知人的长处、优点；也要知人短中之长，短中之优。三要善任，力求人尽其才，才尽其用；不避仇，既不失条件而顾亲，也不埋没人才而避亲。四要激励、鼓动，充分调动和发挥人的积极性。五要相信人，大胆放手让下属发挥才干，要善于授权，给原则、给条件、处理例外事务，把重要的决策关。六要使用与培养结合，奖励成就，指出缺点，关心成长，注意提拔。

4. 用权行为

权力是管理的特殊要素，是管理者的主要象征。如何运用权力是管理效能和管理者形象的主要表现。用权行为的基本原则：一是用权为公；二是以职权做后盾，发挥威望、才能和表率作用；三是正确处理民主与集中的关系，首先要充分地民主，在民主基础上集中。运用地位和威望，通过综合、归纳，以理服人；四是恰当地授权。

5. 人际关系行为

人际关系即在共同活动中人与人之间的相互关系。领导者的人际关系行为直接或间接地影响着管理效能。领导者的人际关系行为，首先是领导成员之间的团结合作，这是管理效能的关键。领导者的人际关系行为还包括处理个人与组织、个人与上级和个人与下级的关系。[①]

第四节　职业教育的战略管理

战略管理是指根据组织外部环境和内部条件设定组织的战略目标，为保证目标实现进行谋划，并依靠组织内部能力将这种谋划和决策付诸实施，以及在实施过程中进行控制的一个动态管理过程。[②] 一般说来，战略管理主要体现为四个步骤：一是战略审视，即审视组织所处的内外环境和战略位置；二是战略抉择，即制定和选择战略；三是战略执行，即采取相应措施，贯彻落实战略；四是战略评估和调适，即检验、评估战略的有效性，并做出相应的优化调整。战略管理过程就是由约定、决策和行动所组成的一套体系，包括战略规划与战略执行两个不同阶段，主要解决"做什么""如何做""由谁做"等核心问题。

战略管理理念对现代职业教育体系的建设具有战略引导与战略规范意义。

---

① 邸鸿勋，等. 现代职业教育管理学 [M]. 北京：高等教育出版社，1996：235.
② 梁文玲. 我国企业战略管理实践中的六大误区 [J]. 企业经济，2002（6）.

将战略管理理念融入现代职业教育体系的规划与执行之中，使现代职业教育体系建设上升到战略高度，从战略管理的视角来研究现代职业教育体系的建设，以便在平衡兼顾现代职业教育理论体系的完备性和实践操作的可行性要求的基础上，提出现代职业教育体系建设的战略思维及管理框架，为现代职业教育体系建设绘制发展蓝图，实现对现代职业教育体系战略实质性发展的预控，提高执行行动的协调性，确保现代职业教育体系的存活能力和运转能力。战略管理理念的融入使现代职业教育体系建设既关心未来，又注重针对当前职业教育发展的现实特征，避免现代职业教育体系构建的"短视化"和"功利化"，较好地满足现代职业教育体系建设高质量、高规格发展的需要。

一、职业教育战略规划

战略规划是针对一定的战略目标进行的一系列战略设计。无论是教育问题的解决，还是教育事业的可持续发展，从根本上讲都依赖于国家对教育改革的顶层设计与长远规划。根据现代职业教育体系的使命和目标，基于职业教育的外部发展环境和内部发展条件，在进行现代职业教育体系战略规划时要具有战略高度和宏观思维，站位要高，眼界要宽，应结合我国发展进入新常态的时代特征，从促进职业教育发展、经济发展、社会发展、人的发展四个维度的战略目标进行战略筹划和战略结构设计。

（一）实施职业教育自身发展的实力提升战略

职业教育作为现代国民教育体系的一个重要组成部分，要实现自身的发展使命，需要具备一定的能力，通过自身实力的提升，使职业教育更好地为社会经济发展服务，让职业教育更受社会的欢迎与支持。因此，在进行现代职业教育体系战略安排时，必须突出职业教育自身发展的实力提升战略，一要构建职业教育层次体系，丰富职业教育层次内容，促进职业教育的内涵发展，纵向扩大职业教育的规模；二要构建职业教育兼容衔接体系，打通人才培养通道，横向拓展职业教育的融通性；三要构建职业教育开放的办学体系，增强吸纳行业、企业等社会要素参与职业教育的能力，增强职业教育的包容性；四要构建职业教育国际化体系，开阔职业教育的发展视野，把国际化发展意识置于职业教育发展的战略高地，在世界职业教育发展大潮中强化"中国意识"，传达"中国声音"，提升职业教育的开放性。这样通过职业教育内外资源的发掘、利用和整合，壮大我国职业教育自身的力量。

（二）实施增强经济实力的人力资本积聚战略

新经济增长理论认为，人力不仅包括绝对的劳动力数量，还包括劳动力的教育水平、生产技能训练和相互协作能力的培养等，将人力资本积累作为经济长期增长的决定性因素，认为只有专业化的人力资本积累才是经济增长的真正源泉。舒尔茨的人力资本理论认为，教育作为经济发展的源泉，其作用远远超过物质资本。职业教育作为与经济社会发展联系最直接、最紧密的教育类型，担负着为经济发展培养生产、建设、管理、服务第一线高素质技术技能人才的重任。因此，在进行现代职业教育体系战略规划时，要突出实现增强经济实力的人力资本积聚战略，发挥职业教育在提高人力资本技能、促进技术进步等方面的价值功能。通过职业院校培养高素质的技术技能型人才，满足经济发展方式转变与产业结构升级的需要；通过对社会劳动力的职业教育与培训，实现人力资源再开发，提高劳动者素质，提升劳动生产率，为经济发展提供人力支撑。这样通过对校内外职业人才的教育与培训为经济社会提供多样化的技术技能人才，形成经济发展所需的人力资本积聚，满足经济发展对技术技能人才的需求。

（三）实施促进社会稳定和谐的民生战略

社会稳定和谐是国家发展的目标追求，职业教育具有服务社会的基本职能，要对和谐社会的构建做出应有的贡献。因此，现代职业教育体系战略规划要体现社会和谐的民生战略，发挥职业教育在促进就业、增加收入、消除贫困等社会民生方面的功能，减少社会不稳定因素，促进社会稳定和谐。

1. 实施城市社会培训服务。社会培训服务是当前职业教育发展的一个弱项。现代职业教育体系要加强职业教育培训体系的建设，致力于完善针对低技能劳动者、无技能者、进城务工人口、失业人员和弱势群体的公共职业教育与培训计划。通过教育培训提升劳动力的文化素质和技术技能，拓展就业渠道，实现"使无业者有业，使有业者乐业"的职业教育理想，服务民生生计，缓解社会民生问题。

2. 满足城镇化和新农村建设的要求。职业教育在国家新型城镇化进程中的战略地位日益凸显，在社会主义新农村建设中也发挥着不可替代的作用。然而，服务城镇化建设和新农村建设是当前职业教育比较薄弱的领域。为此，现代职业教育体系建设要体现服务城镇化建设和新农村建设的发展目标与任务导向，发挥职业教育在提升城镇居民职业能力、就业能力、创业能力等方面的优势，为城镇化稳定、有序、健康发展注入内在活力；要基于我国"三农"问题的国情和职业教育的服务宗旨，发挥职业教育在农业增收、农民致富等方面的服务功能，在城镇化和新农村建设方面做出应有的贡献。

（四）实施满足个体教育需求的多元化教育战略

在现代职业教育体系战略规划时，要迎合现代社会职业个体发展的普适性需要，实现职业教育的"育人性"，增强"为人"与"育人"的宗旨意识，体现致力于人的发展的目标定位。把多元化的职业教育与培训纳入社会个体的终身教育战略中，为营造和推进"全民学习、终身学习"的学习型社会做出更好的服务，使所有个体在人生过程中都能获得个性化的教育培训和教育服务，满足全体社会成员多元化学习与发展的需求。

二、职业教育战略执行

要通过战略执行，将战略目标任务分解与落实，让现代职业教育体系战略规划"活"起来，确保现代职业教育体系战略规划在整个职业教育领域中得到贯彻执行。

（一）规范运筹力，实施战略控制

战略控制可以保证组织按照计划好的战略路线发展。如果说战略规划是一个无尽、发散的过程，那么战略控制就是一个稳定、收敛的过程，外部环境越是复杂、不可预测，管理机构越是庞大、多极，就越需要通过战略使命来进行主控。战略控制可以为战略实施以及实施过程中的调整和纠正活动提供必要的参数。正是通过战略控制手段，职业教育才能实现内部的有序性和凝聚性。

对现代职业教育体系的战略控制，可围绕两个方面进行：一是对战略执行计划制订过程实施控制，审查执行方案是否合理，找出不足，推动各相关部门提高其制定执行方略的水平。二是对战略实施过程中的任务分解行为进行控制，任务分解行为是战略实施阶段的一个重要内容，所有的战略必须被分解成可以成功执行的亚战略，通过研究该执行的与能执行的是否相符、战略资源是否合理分配、关键任务是否得到重视与执行等问题，探索该怎么执行才能获得最大成功，为有效执行提供前期准备。

（二）提升执行力，推进战略实施

所谓战略执行力指的就是个体通过一系列的管理方式等把已经制定好的战略决策等转化为具体的行动，并且能够获得一定结果的一种能力。在职业教育中，人们需要提升执行力，从而循序渐进地推进战略的实施，充分地利用各种有用的战略资源，并且协调好各个部门的人员关系，达到最理想的效果。事实上，在具体的执行过程中，人们经常会使用多种理由和借口来降低执行的效率和水准，如人们常见的"口头答应很好，结果却不付诸行动"等，这些都会严重地阻碍战略的实施，会降低人们的执行力，因而在现代职业教育体现的战略制定以及执行的过程中一定要提升执行力，从而更好地落实各项制定好的战略，推动职业教育的前进和发展。具体而言，人们可以从如下五个层面做出努力：第一，一个层次一个层次地进行传导，构建以组织管控为核心的战略传导系统。第二，对各种各样的资源进行高效的整合，从而逐步地构建以多元协同为核心的战略运行系统。第三，适当地对各种行动进行监控，从而构建以信息反馈为核心的战略监督系统。第四，恰当地运用激励的措施和手段，对个体进行引导，并构建以绩效管理为核心的战略引导系统。第五，用能力作为重要的保证，不断构建以执行能力为核心的执行者素质系统。其实在战略执行的过程中，执行者本人的能力以及执行力等都会对整个执行过程产生较大的影响，并且之间或者间接地影响执行的实际效果。因而要不断提升执行者的综合素质和能力。要对现代职业教育体系战略规划的贯彻执行具有热情与信心，要有良好的心态去积极主动地执行和落实。①

---

① 唐高华. 战略管理视域下现代职业教育体系的战略规划与战略执行 [J]. 教育与职业，2016 (17).

第七章　高等教育管理学

我国的高等教育是在改革开放后开始发展的，虽然时间不长，但取得的很大的成就。但是由于高校教育发展时间短，我国高等教育管理学还不成体系。随着素质教育的大力推进，在高等教育管理方面也要推陈出新，以不断提高学生的综合能力和创新思维，为我国经济发展奠定人才基础。本章将简要分析我国高等教育管理学的发展，寻找推动其专业化和综合化发展的措施。

第一节　高等教育管理的本质与特征

一、高等教育管理的本质

（一）高等教育管理的本质是协调

本质是事物的内部联系，它由事物的内在矛盾所决定，是事物比较深刻、一贯、稳定的方面。高等教育系统相对于其他社会系统有其独特的活动主体和活动目标，这就使高等教育管理同其他社会系统的管理区别开来，表现出它的特殊性。高等教育系统的总目标是：培养高级专门人才和发展科学技术文化并与社会经济发展需要相适应。高等教育管理活动就是要在总目标的指导下，把对高等教育系统的资源投入，即组成系统的元素，如教师、学生、服务人员、经费、信息等结合在一个统一的有机体内，根据不同学校、不同学科性质、教师的不同专长与能力、不同的受教育对象、不同的经费投入，把它们组织到具体的机构中，以实现不同的分目标，并最优地实现总目标。高等教育管理的本质就是协调高等教育系统有限的资源投入与高效益地实现高等教育总目标的矛盾。

(二) 高等教育管理应协调的三对矛盾

目前我国的高等教育不管是在内部系统之中还是外部环境之中都存在若干的问题和矛盾，这就要求我们有必要对高等教育的管理进行适当的协调，从而尽可能地减少这些矛盾的负面影响。

事实上，每个个体都有不同的需求，而且这些需求的实现都需要个体在社会劳动中通过劳动来实现，这其中就会出现一定的矛盾，这就需要高等教育管理来协调相应的矛盾，从而更好地促进个体的发展和个体价值的实现。

众所周知，高等教育对于社会的发展具有重要的现实意义，然而社会对高等教育的资源投入并不是无穷尽的，它会受到很多现实因素的影响和限制。既然国家和政府投入高等教育中的资源是有限度的，这样就会在一定的程度上限制高等教育开展的很多活动以及项目，从而使高等教育系统中也会产生不同的矛盾。总体上，高等教育管理应协调三对不同的矛盾：第一对矛盾就是个人和个人之间的矛盾，这类矛盾也很常见。第二对矛盾就是个人和整体之间的矛盾，这就需要个人能够清晰地认清楚自身的定位，要把整体的利益放在前面，不能一味地保护个人的利益。第三对矛盾就是高等教育系统内部和其周围环境之间的矛盾。从本质的层面进行分析，高等教育管理实际上就是要管理者努力地解决上述矛盾，从而更好地推动各项管理事宜。

二、高等教育管理的特征

(一) 高等教育管理目标的特殊性

众所周知，高等教育的目标十分明确，它制定的目标也具有一定的特殊性，因而这也就决定了高等教育管理的目标具有一定的特殊性。其实高等教育的系统本身就具有较强的复杂性，它通常包含了很多个不同的子系统，而且这些子系统的机构以及培养的人才标准、种类、方向之间都有较大的差异。高等教育中的学生个体之间存在较大的差异，每个个体都是独特的个体，同时在高等教育中，不同的学生往往会选择不同的专业展开学习，这样不同的学科内容和方向等就会造就不同特征的学生。[①] 高等教育的管理者就需要在管理的过程中认识到个体的特殊性以及目标的特殊性，从而采取有效且有针对性的管理手段，不断提升高等教育的办学效益。

---

① 陈屈亮. 高等教育管理人性假设的本质及特征 [J]. 教育教学论坛，2016 (24).

（二）高等教育管理要素的特殊性

不管是任何形式的管理都会包含一定的管理要素，高等教育也不例外，它也包含若干不同的管理要素，其中最为重要的就是管理的主体以及管理的客体，管理的主体主要就是指管理者，而管理的客体主要就是指管理的对象。在高等教育的系统之中，教师是一类十分重要的群体，他们往往拥有广博的知识量，同时在该系统之中发挥着一定的主导作用。因而高等教育中的管理者一定要充分地了解教师这个群体的教学活动特征以及他们开展各项工作的现实需求等，从而很好地对教师的群体进行管理。此外，高等教育中的管理者还需要认真地琢磨教师群体的心理特征以及心理变化等，这样才能够更好地了解和剖析教师群体。在高等教育中，学生也是一类很重要的群体，他们是教师的教学对象。相较于教师群体，学生的年龄往往都比较小，他们大多数都是18岁至22岁左右的青年，并且已经系统地接受过中等教育。因而在高等教育的管理中，管理者一定要充分地了解学生的心理特征和需求，能够以学生可以接受的管理方式来对学生群体进行管理，这样才可以达到较好的管理效果，否则就会容易使学生产生逆反的心理，从而达到相反的管理效果。由此我们可以看到，高等教育系统里面的各个组成人员其实都很特殊，他们和社会上的不同群体也存在显著的差异，因而高等教育的管理者一定要充分地认识到高等教育管理要素的特殊性，要在此基础之上对其进行科学合理有效的管理。我们需要强调的是，在高等教育系统中，由于管理要素很特殊，因而该系统中还存在一种比较特殊的管理形式，那就是自我管理。

换句话说，不管是在哪里领域的管理中都会存在自我管理，这种现象是一种很普遍存在的现象。然而由于高等教育具有一定的特殊性，因而高等教育中的自我管理也具有一定的特殊性，它具体表现在如下几个方面：第一，高等教育系统里面的个体，不管是教师还是学生，他们都具备较高的文化素养和文化层次，因而这些个体往往具有更强的自我管理的能力以及意识。第二，高等教育系统里面的个体往往也具有较强的心理素质，他们能够较为清晰地判断自身的需求以及问题等，从而高效地发现问题，并开展有效的自我管理，从而提升自我，解决现实中的问题。

（三）高等教育管理活动的特殊性

在具体的高等教育管理中，管理者一定要意识到学术目标和其他目标之间存在的差异，从而更好地把学术目标和其他目标进行区分管理，力求达到较好的管理效果，从而解决学术目标与这些不同目标之间的问题，化解其中存在的矛盾。众所周知，国家开展高等教育的重要目的就是为了培养专业的人才，并且在此基础之上能够产生各种科技成果，这也体现了高等教育的学术价值。因而在高等教育的各类目标中，其中最为重要的目标就是学术目标。然而其他目标也很重要，因而就需要把学术目标和其他目标协调统一起来，更好地处理其中的矛盾。这也体现了高等教育管理活动的特殊性，其要求高等教育的管理者一定要合理地协调各种管理的活动，从而促使各项活动有条不紊地开展。由于在高等教育的管理中，管理者面对的往往是教师群体以及大学生群体，这些群体都有较强的特殊性，因而管理者要尽可能地在管理中实行民主的管理方式，这样更加容易被教师和学生理解，也可以使管理更加轻松有效。在高等教育中，教师群体发挥着不可替代的作用，因而管理者一定要给予教师一定宽松的教学氛围，使其在教学中可以拥有较高的自由度，可以实行教学民主，从而给予教师更多的学术自由，这样的管理才能够充分地调动教师的教学积极性和工作热情。

在具体的高等教育管理中，管理者一定要优化各种管理活动，同时要不断地优化和健全相应的民主管理制度，从而更好地推动高等教育的管理。具体分析而言，第一，高等教育中管理者的管理思想一定要非常民主化，管理者一定要尊重每个教师，同时在具体的管理过程中做到从教师的所需所求出发来进行管理，从而真正地在高等教育的管理中体现"以人为本"的思想。第二，高等教育还需要不断地完善各种民主的管理制度，形成制度优势，从而更好地开展各项管理活动，使管理运行有相应的制度约束。第三，高等教育的管理者还需要创设多种形式的民主管理模式，这样的模式才会深得教师和学生的青睐，也才能够发挥较好的效果，并且被长久推行。

（四）高等教育管理资源的特殊性

在高等教育中，高等教育的资源也是一个重要的组成部分，因而高等教育的管理者也需要采取合理的方式来管理高等教育的资源，根据资源的特殊性采用有效的方式，从而使各项高等教育的资源都能够发挥最大的用处，并且给高等教育中的教师和学生提供更大的便利。

具体分析而言，一方面，我们需要清晰明确地知道，高等教育的资源是有限度的。教育资源是一个十分宏观的概念，它不仅包含高等教育相关的人力资源，还包含高等教育相关的物力资源等，是一切这些资源的总和。随着我国的高等教育院校不断扩张，越来越多教育对象可以进入高等院校接受教育，从而使有限的高等教育资源变得更加有限。这也就要求我们一定要合理地使用和配置各种高等教育的资源，从而提升资源的利用效率。

　　另一方面是高等教育成本固有的上升趋势。霍华德·R·鲍恩对此进行了专门的研究，研究结果体现在高校费用的五条规律：①院校的主要目标是办学成绩卓越、声望显赫、影响深远；②为了追求卓越的教学、名望与影响这些看来富有成果的教育目标，高校所需要的费用实际上是无止境的；③每所院校都尽其所能地筹集资金；④每所院校都全部用掉其所筹集的资金；⑤以上四条规律的积累效果是开支日益趋向增长。他的论点是高等院校的质量与声望主要根据按每个学生计算的收入情况，而不是根据对其培养出的学生情况的细致的评估来判断。这些院校尽其所能地筹集资金，然后悉数用掉。高等院校每个学生的平均实际费用最有可能不断上涨，然而他们永远感到入不敷出。由此，我们可以看到如果高等院校经费开支主要相关于经费的数量，那么用开支代替的成本就不是经济学意义上的成本。成本的变动是收入变动的结果，规模在收入和成本之间只起了一个虚拟变量的作用。

第二节　高等教育管理的规律

一、基本规律提出的根据

　　为了与高等教育系统整体性相适应，高等教育管理一开始就提出两个目标：一是为使个体同整体相适应，用系统整体的特性去整合各个体的性质和目标，以实现系统整体功能的目标。二是为了实现系统的最大值，要求把具有一定功能行为的个体有机结合在一起，综合成系统最大"结合力"功能的目标。只有这两个目标的矛盾运动（具体表现为个人与系统、系统与系统、系统与环境三对矛盾序列）才能使系统整体功能大于系统中各分散个体功能之和，应用于高等教育管理才能使它发挥功能提高效率。确定规律的一个重点就是要把握好高等教育组织的特点，高等教育组织存在二元控制结构。① 这两个目标的矛盾运动规定了高等教育管理的两条基本规律：

　　第一"两重性"规律：高等教育管理的自然属性与社会属性的矛盾统一规律。自然属性具体表现为管理的普遍性、共同性和技术性；社会属性具体表现为历史继承性和为阶级服务的政治性。

　　第二"两重性"规律：高等教育管理的封闭性与开放性的矛盾统一规律。

---

① 李培凤，王生钰. 高等教育管理原则探析［J］. 高等理科教育，2006（5）.

为什么系统的矛盾运动才能使系统整体功能大于系统各分散个体功能之和？又如何能规定高等教育管理的两条基本规律？对于第一个问题，因为"整合"和"综合"使高等教育系统获得整体特性的功能目标和最大"结合力"的功能目标，这就具备了系统整体功能大于系统内各成员个体功能之总和的条件。如系统中的管理者尤其是领导者能够找到两个互为矛盾的平衡点，也就是各级管理者尤其是各级高校最高决策者在管理中必须找到两个目标的平衡点，从而保证系统功能放大。

二、第一"两重性"规律——高等教育管理的自然属性与社会属性的矛盾统一

高等教育管理的自然属性，即高等教育管理活动在本质上具有一种不因社会条件和时代背景而变化的稳定性；高等教育管理的社会属性，即高等教育管理活动在随社会形态的变化和历史发展过程中所形成的特殊个性而呈现不同特征的性质。

（一）高等教育管理的自然属性

它主要表现在三个方面：一是高等教育管理的普遍性，即高等教育管理是普遍存在的，不论哪个国家，无论哪个历史时期，只要存在高等教育活动，就存在各种培养高级专门人才的活动（包括专业设置、课程设计、教学过程、教学方法、教学手段等），就有进行管理的必要。二是高等教育管理的共同性，即高等教育管理在各个历史发展时期都具有明显的共同点，这些共同点不因国家的政治、经济、文化等差异而有所变更，也不因历史时期的变化而消失。正是由于共同性，中国古代高等教育中的优秀部分就应当继承和发扬，如唐朝的高等学府在教学管理上制定较详细的教学计划，规定了严格的考核制度；放假、升级与退学等都有明确的规定，这些管理仍有其现实意义。与现代大学有历史渊源关系的欧洲中世纪大学，一开始就建立包括文法学、哲学和医学等学院。这种校院制一直被后来直到现代的大学所采用。随着课程的发展，学习制度发展成最初的学位制，这种制度对以后的大学制度产生深远的影响。所谓培养模式首先指的是人才培养的过程与方式，其次指人才培养的内容。[①]如在法学、哲学、医学等学科都规定有不同的学习年限，需要学习若干门课程，还要实习讲授一定量的课程，然后才能申请学士、硕士和博士。之后，还要接受一次口试和辩论，经评论员批准，才能戴上硕士、博士帽。现代大学申

---

① 刘乐乐．民办高等教育管理特征及发展趋势研究［J］．内蒙古科技与经济，2022（7）．

请硕士、博士学位程序基本同过去一样，不过更加完善。这就是高等教育管理的"古为今用，洋为中用"。三是高等教育管理的技术性。随着先进的信息技术和互联网的发展，高等教育的管理也呈现出了新的发展趋势，那就是高等教育管理的技术性，这就要求全世界各个国家的高等教育都需要把先进的技术等引入管理中，从而使管理的效率更高，更加具有人性化。

（二）高等教育管理的社会属性

它包含两层含义：一是高等教育管理具有历史继承性。即在人类创造历史的过程中，由于社会及自然环境不同所形成的各种地域文化在高等教育管理活动中留下深深的烙印。这些"印记"在高等教育管理思想和管理信条上表现为不能超越一定的社会文化形态以及人们的社会心理状态，并且具有"同源文化"的国家和地区在高等教育管理思想和管理哲学上具有很大的相似性，而"非同源文化"中所产生的高等教育管理思想和管理哲学就存在明显的差异。二是高等教育管理具有政治性。因为高等教育管理是与权力关系联系在一起的，高等教育的体制和有些制度、政策总是一种社会制度和政策的一部分，是为一定的政治服务的。在阶级社会里决策者与被管理者之间一般表现为阶级关系。在社会主义社会里，人民群众是社会和国家的主人，社会主义国家的管理者包括高等教育管理者，是为人民办事的公仆，而不是骑在人民头上的老爷和官僚，如果发生公仆转为主人的现象，就意味着管理的性质发生改变。在社会主义初级阶段，且处在向社会主义市场经济体制转变时期，高等教育管理同其他社会系统一样，正在探索适应市场经济又符合高等教育管理自身规律的一种新型的高等教育管理模式。

（三）自然属性与社会属性的矛盾统一

自然属性与社会属性是高等教育管理活动本身所具有的两种属性，两者处于矛盾统一体之中。高等教育管理的两个目标规定了高等教育管理两种属性是一对矛盾——具体表现在维持系统整体特性功能目标应具有的稳定性与高等教育管理追求最大"结合力"要求改变系统结构而产生不稳定之间的矛盾。此两者之间的矛盾运动使高等教育管理不断得到改善。同时，高等教育管理的两种属性又统一于高等教育管理计划、组织、领导和控制等管理环节上，根本上统一于高等教育管理的效益。没有社会属性，没有维持系统整体特性的功能目标，就不会有产生最大"结合力"的需要，高等教育管理的自然属性就失去了存在的基础而无从实现。把高等教育系统内成员的个人目标整合成系统整体特性的功能目标，目的在于把分散的具有一定功能行为的个体结合起来，实现系统功能的"放大"，而离开了自然属性，高等教育管理的社会属性也失去了存在的必要。

三、第二"两重性"规律——高等教育管理的封闭性与开放性的矛盾统一

（一）高等教育管理的封闭性

高等教育管理的封闭性是指在高等教育管理过程中根据高等教育管理的特殊矛盾而在高等教育系统内部自我运转和良性循环的性能；高等教育管理的开放性是指在高等教育管理过程中根据高等教育管理的特殊矛盾而在高等教育系统与外界环境相互关系、互相作用中实现物质、能量、信息交换的性能。

高等教育的管理具有一定的封闭性，这主要就体现在不管是什么方向和内容的管理，高等教育的管理都作用于高等教育系统的内部，在这个相对封闭的系统之中进行管理，这也能够在一定的程度上保证了高等教育的相对稳定，从而使高等教育中的教师和学生都可以在一个稳定的环境中开展各项教学活动和学习活动。由此可见，高等教育的封闭性对于高等教育而言具有重要的意义，这也是高等教育发展的必要要求。然而我们需要客观科学地理解高等教育的封闭性，这种封闭性只是一种相对的封闭性，并不是指绝对的封闭，并不是指高等教育和其他任何系统以及组织都失去联系，这样的理解是片面的和错误的，因为那样就会使高等教育处于一个绝对的封闭环境中，从而失去活力，其最终也会抑制高等教育的发展和进步。

（二）高等教育管理的开放性

我们需要明确的是，高等教育的管理不仅具有一定的封闭性，它还具有一定的开放性。这也就是说，高等教育的系统和外界的环境之间还是存在一定的联系和影响，二者相互制约和影响，从而保持着稳定的物质交流、信息交流等，这也是其开放性的重要体现。这是实现高等教育系统整体特性功能目标的需要，是实现高等教育管理高效益的需要，也是高等教育系统存在和发展的物质基础和基本条件。①

（三）高等教育管理的封闭性与开放性的矛盾统一

高等教育管理的封闭性与开放性的矛盾在于：如果片面强调高等教育管理的封闭性，为高等教育系统的"存在"花费更多的人力、物力和财力，那么

---

① 薛天祥.高等教育管理学 [M].桂林：广西师范大学出版社，2001：139.

就会影响系统的"发展"，失去并取得更大效益的机会；如果片面强调高等教育管理的开放性，过分注意高等教育系统效益的最优化，而忽视甚至否定高等教育管理的封闭性，就会只强调系统"发展"而忽视系统"存在"，这将导致高等教育系统的紊乱和能量的消耗，最终将导致系统的"存在"基础动摇。

其统一在于无论是高等教育管理封闭性还是高等教育管理开放性，其目的都是为了使高等教育系统的生存和健康发展得到保证，具体地表现在统一于高等教育管理的诸环节上，如通过高等教育计划，在解决高等教育系统与环境矛盾中使封闭性与开放性统一起来；通过高等教育组织、领导，在解决高等教育系统内系统与系统、系统与个人矛盾中使封闭性和开放性统一起来；通过高等教育控制，在解决高等教育系统既定目的与实施中偏离的矛盾中使封闭性和开放性统一起来。

第三节　高等教育管理的基本原则

高等教育管理原则是诊断高等教育管理问题，指导高等教育管理行为的基本准则和原理。[①] 我们追求的高等教育管理原则，它们必须较全面、准确地反映高等教育管理活动的特点、本质与规律。即它们是根据一般管理学的原理提出的，同时又特别适用于高等教育管理领域。它们在理论上是完备的，在实际工作中又是切实可行的，普遍有效地指导高等教育管理实践活动。前面有关建立高等教育管理原则的依据的论述为科学地分析高等教育管理原则提供了逻辑上和理论上的铺垫。我们认为，高等教育管理基本原则体系应该包括：①高效性原则；②整体性原则；③民主性原则；④动态性原则；⑤导向性原则。

一、高效性原则

众所周知，高等教育的重要目标之一就是为社会的发展培养大量的具备较强综合素质的专业技能型人才，因而这也就要求高等教育的管理要遵循高效性的原则，从而使高等教育的管理能够发挥最佳的效果，能够更好地培养人才。一旦高等教育的管理跟不上，那么这就会对高等教育的教学产生很大的影响，从而严重地影响高等教育的教学质量。

---

① 吴红婷. 科学与效能：对高等教育管理原则的再思考 [J]. 当代教育论坛（校长教育研究），2008（12）.

事实上，不管是任何领域或者形的组织和机构，其都需要进行有效的管理，从而使组织和机构的各项活动可以高效有序地开展，可见管理高效性的重要意义。对于高等教育而言，高效的管理可以使高等教育取得比较理想的办学效益，打开高校的名声，从而提升高校的知名度，这其中的效益包含两个方面的内容：其一就是指经济方面的效益，其二就是指社会方面的效益。事实上，在社会实践中，人们也可以使用一定的标准来衡量和判断高等教育创造的效益，这个评判的标准就是高等教育培养的人才以及各种科学研究取得的科研成果对社会的发展和进步所贡献的力量。因而这也对我国的高等教育发展提出了较高的要求，即高等教育在发展中一定要充分地利用各种可以利用的资源，如社会资源、教育资源、人力资源等，从而对各种有用的资源进行合理的配置，从而更好地发挥资源的效用，减少不必要的浪费。

我们需要明确的是，虽然高等教育在管理的过程中需要讲求高效性的原则，然而由于高等教育的系统和其他的组织机构还是存在较大的差异，因而高等教育的管理者在管理中遵循高效性原则的过程中还需要注意以下问题：第一，教育和其他的工业生产等不同，教育是培养人才，这需要耗费很长的时间，而且学生成才的时间也不同，并不是在固定的时间内学生就一定可以成才，高等教育也不一定在固定的时间内收到比较明显的教育效果和经济效益。第二，高等教育为我们社会的发展做出了巨大的贡献，然而这种社会的贡献值却没有办法使用精准的数字等进行测量或者衡量，因而人们也无法用准确的数字来衡量高等教育的价值以及效益。基于此，越来越多的研究者开始寻找能够表征高等教育效益的指标，后来人们逐步地总结出来一项重要的指标，那就是高等教育的效益往往可以使用高等教育培养的人力资源的质量和发展情况等来表征，这样的指标还是相对比较客观的。人力资源计算作为一门技术正在形成，依靠这一技术，我们可以计算一个组织中人力资源的价值，并估计管理政策的影响。但教育管理活动的复杂性和多样性使现有的技术无法对一些无形的、间接的、综合的、迟效性的教育管理效益做出客观、精确的测定。

影响学校管理效能的因素是很复杂的，它们之间既相互联系又相互制约。由于高等教育管理不仅指高等学校的管理，而且包括高等教育系统中更高层次的行政管理，所以，影响高等教育管理效益的因素就更加复杂。此外，在进行因子分析时，目前尚不明确各因子与企业绩效之间所存在的相关性或者是其作用机理等。至于效果评价，究竟应该设定什么样的基础指标，应该采取什么样的标准，应该建立什么样的制度，还需要进行深入的探讨。在作业计划方面，已有的研究结果还处于理论探讨阶段，无法为实践人员提供满意的参照。但是，通过对成功管理者与学校共性的剖析，可以为管理者探索提升管理效率的有效方法提供有益的参考。

二、整体性原则

高校在开展教育管理的时候应该遵循整体性的原则，这不仅是因为高等教育的体系是具有整体性的，同时还受到教育目标的制约。

管理就是通过共同的行动来实现共同的目标。目标不仅是管理的方向，更是一种动力之源，能激发被管理者的积极性。如果一个机构的目标能够完全反映出其成员的共同利益，并且与每个成员的个体目标相一致，那么，它将会大大地激励人们的工作热情，并逐步提高员工工作的创造性。

在某个具体的高等教育管理系统中，管理过程的每一个环节和每一个方面都是围绕着一个共同的目标来展开，也就是：培养人才和开展科学研究。在此基础上，高校要以此为依据，统筹高校的各个环节、各个层面的工作。它的显著特征是："总体的作用应该要大于各个部件的总和"。

制度的作用不仅仅体现在量上，更是质的一种特殊反应。一般情况下，一个系统的总体功能与其各个部分的功能相比并不是固定不变的，是一个质的变化。在实际的经营过程中，往往会出现"局部性"与"全局性"的冲突。在一个特定的背景下，尽管可以得到一些优势，但是当一个局部地方的损失不大于它的优势时，我们就会强调这个地方要服从于它的整体。

就像其他制度一样，在高等教育制度中，没有一个人或一个机构能够不借助团队协作而实现自己的目标。如果没有以经营目的为基础的协作行动，经营的整体性就不存在，经营本身也不存在。在高等教育制度中，工作目标的种类繁多，它是社会和组织分工的结果，它们有赖于高等教育总体目标指导下的相互配合。在具有不同功能的组织中，整体性原则的体现方式是各不相同的。一般而言，在功利性为主的经济组织内强调竞争，在以强制性为主的军事组织内强调服从。高等教育系统作为规范性的教育组织，合作行为具有更重要的意义。

和谐团结、协作对于高等教育管理的整体性原则的贯彻是需要的，但在高等教育组织的实际运作中存在着多种形式、不同强度的冲突。及时诊断并将冲突带来的破坏减少到最小限度，也是维护高等教育管理整体性原则的一个重要方面。

三、民主性原则

大学管理学的"两重性"法则是大学管理学中"民主"法则的直观表现。

要把一所既封闭式又开放式的大学办好显然并不是一件容易的事情，没有充分发挥民主，不把所有教师和学生的积极性和创造性都发挥出来，就不可能做到这一点。因此，高校在做出重要决定时要发扬民主。

高校教育界，人才济济，充满了活力。大学在进行学术活动时，应注重在大学内部开展，并且在举办的过程中应该让使其展示出"学术自由"的特征。高校教育与研究的实质就是学术，没有民主、自由化的发展，就不可能有学术的发展。在我国高校中，显然形成了一个利益与权利的博弈体系，高校政策的形成与执行都是利益的博弈与折中。在此，任何一种权威主义的"一言堂"局面，都会对大学的学术价值造成不可逆的损害。

民主建立在认识到个体价值的基础上。就像其他社会组织一般，学校对所有被决策所影响的东西都要在决策的阐述和发展中体现出民主的精神和原则。学校的民主主要表现在对学校的重要事项进行决策的时候，应该让所有人都能将自己的观点表达出来，各级领导和机构都要以倾听教师和学生的意见为依据，遵循科学的程序做出决策。由于我们实行的是民主集中制，因此在应用民主原则时，国家和集体的利益永远是首要的，应该在这个基础上，正确处理三者之间的关系。

在学校的教学工作中，教师要有相应的职责划分，这是开展工作的重要前提。在错综复杂的教育机构里，没有人能够做到面面俱到。如果权力过于集中，整个制度就会被破坏，人们就会有一种无力感，从而产生工作效率低下的感觉。所以要有足够的民主和合理的权力配置，不但要使成员能够积极参与，也要使管理更加顺畅，使每一个人都能充分发挥自己的特长。

在高校具体的管理与经营过程中，应该凸显出公平的作用，所谓公平就是要有严谨的制度，不让人民受到欺凌和压迫。公正性是指将集体的常模与准则运用于个人，在执行这些常模与准则时，要平等、正义，并且应该将自己权利的执行放于民众的监督之下。在高校管理中，民主性原则对制定决策的民主化、执行决策的民主化、决策执行情况的民主化和决策执行结果的民主化提出了要求。

四、动态性原则

高校是一个与外界环境互动的社会-技术体系。开放系统的一大特征就是它的内部子系统可以根据不同的情况而变化。管理行为与管理客体和管理环境存在本质和必然的关系。以对高等教育组织特点的分析为基础，在高等教育管理的过程中，所有的环节都不是固定不变的，而是处在动态的变化中。

一方面，高校的活动必须遵循管理的基本原理，以维持管理的相对稳定，并维持其应有的秩序。另一方面，高校管理的手段等不应该是一成不变的，而是应该随着管理对象的不同而发生改变，这就需要在应用高校管理原则时具有一定的灵活性。

管理中的"变通"理论将一般组织的管理原理同个别组织的特殊情况相结合，开辟了一条新的道路。其基本的思想如下：

（1）没有一个万无一失的、最好的、最普遍的、最有效的办法；

（2）在某一具体情况下，并非所有的组织与管理手段都具有同等的效力，其效力取决于该情况下组织与管理手段的选择与安排；

（3）机构的设计与经营模式的选择，应以对所发生重要情况的仔细分析为依据。

权变理论要求从有效地实现组织目标的角度出发，选择处理偶然事件的方法。如"民主型"领导和"专制型"领导哪一个更好呢？用权变的方法分析，首先要弄清"好"意味着什么。因为管理者的意图是最大限度地实现组织目标，"好"可能解释为"有效的"，这时问题就变为哪一种领导类型对实现学校系统的目标可能做出更大的贡献？

在动态原则下，高校管理一定要注重对旧的制度和方法的改革。在阐述教育行政改革的原则时，恩旺克沃指出在教育行政改革中，存在着许多需要改变的因素，而这些因素却是不可预测的，并且也不会影响到整个教育系统的稳定性。在进行改革的时候，每项改革都要满足下列条件：①适应性。改革要想进行就应该从现实出发，从社会需求出发。②灵活性。为了保证改革的顺利进行，需要制定目标方针，并且该方针应该是具有可变性的。③稳定性。要想取得成功，就必须逐步地进行改革，这样才能保证企业与管理体系的稳定。

我们一直强调要把高等教育管理看成一个系统工作。在这个系统中，管理的对象在不断变化，管理的理论和技术也在不断发展。这不仅指高等教育管理所遵循的一般管理学理论在发展，而且指那些与高等教育管理理论有关的其他学科——系统论、控制论、信息论、电子计算机理论、教育社会学、教育经济学等也在不断地充实高等教育管理理论。西方教育管理理论的最新研究表明，传统的理性管理理论正受到非理性因素的冲击，价值观在管理中有重要作用，其化解了教育组织中的矛盾、冲突和不一致性。因此，动态性原则还包括用发展的眼光看待管理理论，这不仅是学科发展的客观规律所需，更是丰富多彩的高等教育管理现实使然。

五、导向性原则

高校经营导向原则的提出是基于高校经营的"两重性"法则。高校教育显然展示出了一种天然的特性，决定了高等教育可以根据开放的原则，借鉴外国的先进技术与管理经验，从而进行自身管理。由于高校管理具有特殊的社会性质，这就意味着不同国家之间的高校管理不可能完全照搬，必须对其存在的各种社会形态进行考量。

各国高等教育管理模式的相互借鉴并非始于现代，只是在现代高等教育日益世界性地成为社会生活的中心时，其国际化的步伐因而显得更为显著。同时，欧美高等教育管理模式在殖民统治时期和之后的时间内对发展中国家有强烈的渗透作用，因此有学者断言世界各国高等教育的组织模式以及办学经验经过多年的发展，已逐渐相互接近和彼此类似了。高等教育也面临着众多类似的矛盾和挑战，如教育经费短缺、高等学校的自主性和责任性减弱、高等教育的数量发展与质量危机等。但是，这些由共同的历史继承和现实需求带来的高等教育管理上的相对一致性，从来都是与各国各具特色的管理模式结合在一起。任何成功的高等教育管理模式的移植过程都带有强烈民族的和地方的色彩。换句话说，地方性和民族性在把高等教育普遍规律演变成现实中有效的管理思想和组织模式过程中起着导向性作用。事实上，当我们在提出英国模式、德国模式、法国模式、美国模式或日本模式的时候，与其说是在描述一些具有普遍意义的范式，还不如说是在强调它们各自的特殊价值。

管理学作为一门科学，是从20世纪初泰罗的管理思想开始的。高等教育管理专题性研究的历史更短。但诚如有学者指出的，任何管理思想、流派或实践总是在一定社会文化心态条件和经济管理体制及组织制度下产生的，同时，它又必须受到一定的社会形态中占统治地位的理论形态的指导。不管我们对这些制约因素喜恶如何，它们总是客观存在的，因而通常成为有效管理必须考虑的方面。

第四节　高等教育管理的专业化与管理模式的综合化

一、高等教育管理的专业化

在知识经济时代、新干部大量替代老干部的情况下，现代高等教育组织的复杂程度、功能扩张、参与社会生活之深入，需要任何一个想有所作为的高等教育管理人员都必须接受与管理本部门相应水平的专门知识训练，以提高技能，可以在纷繁的高等教育组织中恰如其分地利用其天资。具体而言，高等教育管理专业化基于以下这些条件或要求：

（一）教育经费的增加

教育部门和各个高等院校加大对高等教育管理学的重视程度。完善和发展高等教育管理学需要各方共同作用。① 经济学家们已通过人力资本等理论使人们（包括各国政府）相信对教育的投入是有可观回报的。同时，高等教育在各级教育中的人均投入量又往往是最大的。因此，无论政府部门、教育"消费者"或对高等教育进行捐助的其他社会单位，都不可能对教育经费的使用效率和价值不闻不问。就像政府部门、企业单位要有专门人员对财政预算进行清晰说明、分析和效果评价一样，人们也期望高等教育投资的管理是恰当的，这正是高等教育管理者应致力实现的目标之一。

（二）高等教育日益成为社会生活的中心

高校管理具有其自身的规律性，而这种规律性的形成，是因为高校管理中普遍存在着一些根本矛盾。随着经济及其他领域的发展，大学也在走向国际化，高校受社会政治经济体制制约的程度也在逐步增强。

我国高等教育体系的结构、运行模式和管理理念正在逐步与社会其他体系相融合。我们可以看到，高校在解决问题的过程中，既要借鉴政治经济管理的一般原则和规律，又要将这些原则和规律运用到现实中，从而达到自己的目的。高校是高等教育的重要组成部分，在整个经济社会中，高校在其所处的位置和作用，大致可以表现出这样一条发展轨迹：从农业经济时代的游离状态，逐步发展到了工业经济社会，再到知识经济社会，最后逐步进入社会中心。

（三）知识、技术的挑战

在现代社会中，随着知识和相关管理技术的飞速发展，一方面使高校的管理向专业方向发展，另一方面，高校的知识独占性也在逐步消失，这就要求高校的管理者在现代社会的管理大循环中，通过竞争和合作，寻找一条适合于"知识爆炸"时代的道路。

（四）高校管理权威的模糊性

尽管大学是"科层制"的社会机构，但是，我们不能对大学的权力制度抱有太大的期待。主要表现在：首先，大学生普遍具有更高的学识水平，他们

---

① 宋静.中国高等教育管理学的发展与完善［J］.环球市场信息导报，2016（5）.

在心理上对严厉的管理、制度没有认同感，在行为上表现出了抵触情绪，有的还会出现不愿意管的抵抗行为。第二，从理论上讲，大学的行政功能与学院是一种平级的工作指导关系，但是在实际操作过程中，由于各职能部门之间的权力得到不当加强，导致"师徒关系"向"领导关系"发生转变。就前者而言，还存在一个问题，那就是怎样为学校的管理人员确定自己的位置；而在行政管理中，又牵涉到行政权力的划分和协调等问题。

（五）管理者作用与地位之间的反差

无论人们是否认可大学管理人员（包括领导）的专业化程度，但管理人员的作用却是明显的。一般而言，我们往往认为顶尖大学常有顶尖校长；在学校运作过程中，遇到困难就会把各种管理失误归咎于校长。与管理人员的角色相反，他们的一些职位比同级别的教师和研究人员要低，这从他们的职业技术职务中就可以看得出来。

在大学里，管理者的位置不够高，管理者的竞争能力不够，那么显然也无法激发出管理者的进取心。这或许可以在一定程度上解释为什么经理们作为一个更高层次的智囊团，却缺乏创造性的思想和行为。以社会其他行为的经验为依据，要想保证对大学管理者的地位产生激励效应，就必须要提升与之相对应的管理专业化程度，利用专门的训练和民主的选拔过程，来逐步提高其社会地位。

二、高等教育管理模式的综合化

尽管不同国家的高等教育经营方式不同，但是从欧美高校的经营实践来看，要想在今天的市场竞争中，使高等教育能更好地运作和提升效益，就需要把科层、市场及学术组织这三种经营机制结合在一起。

首先以"科层型"模型为例。其总体特征是权力等级化、系统规范化。在大多数人看来，科层型管理是非常有效，主要原因在于它需要遵循一些规则，缺乏人情味，就可以避免很多因为人情而导致的问题。从而把人为因素降至最小，确保经营目标的一致性，使经营目标的达成达到最大。目前，我国高校在行政工作中，存在着制度不完善、没有规则、没有效率的问题，即便有一些规定，也会由于人为因素的影响而成为纸上谈兵。

大学实行分级管理的体制，尽管这种体制将权力下放，并构成了一个互相牵制的权力系统，但是由于大学"生产"的特点，其量是非常难制定的。并且"生产过程"也很难分阶段，致使大学"流水线"上的责任分配不明确。这样，这种体制就很容易走向与其对立的另一方——官僚体制。在日常的出差与公务活动安排中，往往会出现相互推诿的状况，这就是低效的结果。从理论上讲，高校管理体制内不同层次的管理人员因权力和责任的密切联系而不应该出现"贵族化"的管理人员。但是在现实生活中，过度重视科层制中的分工而造成了某些功能部门对自己的位置发生异化，从而造成了管理层级间的矛盾。

适当的督导必须与确保目标达成的行动相结合，即问题的提出与问题的解决相结合。监管与保障是一体功能的重要组成部分，其最终的目的都是为了能够让高校教育得到更好的管理。然而，从当前大学管理状况来看，现实中的管理者常常被指责为"事必躬亲"，而那些行使监督权的人却可以对管理者的工作指手画脚，因而，被管理者的工作热情被压制，工作中不可避免地出现了"敷衍"现象。管理者手中有权力却无所作为，这就导致了官僚主义风气的产生。

作为学术机构的高校，较为松散的权力组织有其存在的必然性，这就给实行严格的科层制造成了困难。为了保证管理的高效率，借鉴科层制某些积极的组织方式，对人情风盛行的中国高等教育管理领域具有特别重要的现实意义。另一方面，科层制的实行力度受制于一国已有的政府执行机关的行政组织的背景。我们注意到，在集权式科层制中上层高度的控制权往往与中层或下层相互间控制的软弱无力形成明显对照，这种模式随着官僚机构的不断膨胀，必然导致组织的局部或个体对整体目标离心力的增强。

高等教育系统随着时代变化而进行现代化，需要变得有效和有计划，从温和的官僚体制走向"武断"的官僚体制。随着整个社会的转型，高等教育体制的改革，高等教育由"精英"向"大众"的过渡，高等教育管理中的市场成分必然会有所增加。但是，市场协调表达的是一种与政治或政府官员完全不同的形式。过去，当权力集中于政府部门时，高等教育管理倾向于系统性，对于发展过程中出现的变化缺乏灵活的反应能力；将高等教育置于市场的环境，其管理倾向于分散、零星状态，而这与管理所需的有序性格格不入。从这一角度看，我们认为市场本身并不能现存地给高等教育提供一套相应有效的管理系统。一些发展中国家中，高等教育系统对市场需求的倾斜并没有必然导致预期的高效益便证明了这一点。于是有必要协调市场机制与有限度管理系统设置（包括政府对高等教育的宏观调控）之间的关系。

当今大学身兼学术、社会、经济、政治等众多功能，教育及其决策因其在社会生活中的重要性而变得日益规范化、效益化。教师的工作在相当程度上以执行性代替了探索性，知识的激增使得个别学者在自身研究领域的权威地位发生了动摇，加上对政府经费的依赖性，高等教育民主化浪潮等原因，第二次世界大战之后，我国高校的决策权整体上向上移动，高校的行政与计划职能得到扩展。行政权的扩张在某种意义上也会对大学的发展造成一定的制约，进而影响到大学的整体影响力。

为使高等院校成为独立的法人，应充分发挥学术组织在办学与经营中的重要作用。在高校体系中，知识的权力应当是最基本的一环，知识的拥有者和研究者应当拥有更多表达自己的观点的机会，并且他们的意见应该引起管理者的重视，并成为他们决策的影响因素。对于知识权而言，其应该是独立的，而不应成为行政权的绝对附属品。它既是高校管理民主的需要，又是高校自身建设的需要。

第八章　文化教育管理学

教育管理脱胎于经验管理，成熟于科学管理，而后在新的历史时期升华为文化管理。运用文化管理是教育在管理理念和管理方式上的根本性变革，其基于师生员工都是特殊的"文化人"的前提，把文化当作重要的管理资源，着力建设校园文化，发挥文化育人功能，力求以健康积极的校园文化帮助师生员工的发展和进步，进而实现师生员工对于高等教育管理的文化自觉。

第一节　教育管理学的文化分析

一、教育管理学学科的文化性

（一）教育管理学的研究对象应体现教育学科的性质

关于教育管理究竟是怎样的一门科学，学术界存在着四种不同的看法：一种是把教育管理看作是教育学的一个分支；第二种意见将其视为管理的一个分枝；第三个是将其看作是教育和管理的交叉领域；第四个看法是教育管理是综合的教育。

近年来，一些学者提出了"教育管理应该成为一种社会性的科学"[①] 的观点。教育管理是教育学的一个附属学科，这一学科的性质决定了其属于教育学的一个分支学科。虽然在我国，教育经济与管理被归入了公共事业管理下的一个二级学科，属于管理学。但是，我们都知道这是国家行政管理的产物，而不是从学科自身的发展角度出发进行衡量的。

对于教育管理学自身而言，其始终属于教育学的一个分支。这是从教育学

---

① 张新平．教育管理学导论 ［M］．上海：上海教育出版社，2006：89.

的观点出发论述的，其认为教育管理只是一个"空壳"和形式，如果离开了教育，那么教育管理就没有任何实质性的意义。

一方面，这是对教育活动的管理，指的是以教育为目标的一种特殊的管理学或学科。另一方面，其实施主体是"管理者"，接受主体是"被教育者"，是在教育活动开展的过程中所进行的管理活动。这就说明了二者是互相依赖的，是密不可分的。无论是从教育管理的历史渊源，还是从教育管理的实际情况来看，将教育管理纳入教育学的范畴是有一定道理的。很明显，将教育管理纳入教育学范畴，从本质上讲是合理的。

(二) 教育管理学属于文化学科

如果我们把教育管理学当作一门广义的科学（指学问或知识体系）或教育学的一门分支学科，那么它到底属于什么学科？社会科学是一种以人类社会或人类关系为研究对象的科学。通常它包括政治学、经济学、社会学、人口学等等。人文学科则是以人类思想、观念、情感、价值和精神表现为研究对象，以人的生存价值和生存意义为学术研究主题的学科，它所研究的是精神与意义的世界，包括语言学、文学、历史学、考古学、艺术、音乐、舞蹈、戏剧、美术和哲学等。

社会科学的产生比自然科学和人文科学要晚得多，从特定的时期来看，社会科学中的一些相关的研究，比如对经济学、社会学、政治学等的社会实证研究在一开始的时候都是混合在一起的，直到18世纪中后期，它们才渐渐被分离出去。到19世纪才逐步构建起系统化的理论架构。社会科学的产生是欧洲社会的巨大变化，是工业化和城市化的结果，当然这与科技进步的推动也是密不可分的。

"人文科学"一词源于古希腊文 paideia，意为"一般教育"，它起源于公元前五世纪中期，由一批教授哲学和修辞的教师创建，旨在把具有城市公民资格的年轻人训练成具有某种职业素养的人。西塞罗于公元前55年在他的《雄辩家》中，第一次将"人性"作为一种重要的培养手段。在中世纪初期，基督教的创始人圣奥古斯丁将宗教与人类、与基督教的基础课程结合在一起，创立了许多教育人的学科。

至19世纪，人文学科开始以一种新的性质出现，主要指人类对客观世界所赋予的含义和所抱有的目的。在当代，人文学科指一套以宣扬自足的人类价值体系为基础的教育课程。

人文与社会科学的关系十分复杂，二者存在着一定的区别和联系。二者之间的差异有二：其一，二者所关注的对象不同。人文学科在展开研究的时候往往以人的思想、精神、情感、价值为基本内容，对人的精神生活进行系统的研究。卡西尔认为，人文学科所要认识的客体，从根本上说，并非"事物"，而是"其他人"，它与人的观测者一样，都有着相同的品质。二是方法上的差异。人文学科的研究方式以"意义分析"为主，它是一种阐释方式，而社会科学更多地引入了自然科学的方法，显然是以经验为基础的方法。

现在通行的学科分类是将所有的学科分成自然科学、社会科学和人文科学三大类。《大美百科全书》也是遵照此种分类方式，并指出每个阶段的社会科学范围均有所不同。社会学科通常包括人类学、经济学、历史、政治学、心理学及社会学，其他包含在此范畴的有犯罪学、教育、地理、法律、精神医学、统计、哲学，宗教等。人文科学是探讨人类思想与文化的各门学问，不包括科学（自然科学）在内，主要包括建筑、艺术、舞蹈、戏剧、历史、语言、文学、音乐和神学等。

著名的《不列颠百科全书》也是按照上述分类方法，认为社会科学的课题是人类在社会和文化方面的，包括经济学、政治学、社会学、社会和文化人类学、社会心理学、社会和经济地理学；也包括教育的有关领域，即研究学习的社会环境以及学校与社会秩序之间的关系。人文学科一般说来包括文学并附加拉丁文及希腊文经典的译本，以及若干历史、哲学及神学课程，并包括第二语言的基本训练。

联合国教科文组织出版的《社会及人文科学研究中的主流》中则列举了11 个学科：社会学、政治学、心理学、经济学、人口学、语言学、人类学、史学、艺术及艺术科学、法学、哲学。此书认为前 5 种学科属于社会科学，后6 种属于人文科学。教育学并没有列入其中。

依据权威的科学分类，我们可以看出，在部分权威的百科全书中，教育学被视为一门社会学科，但在部分权威的百科全书中，教育学没有明确的学科归属；如果人文学科是研究人的精神和价值等诸多意义问题，教育管理学也研究管理者和被管理者的精神、价值、情感和需要等诸多方面，涉及管理的意义问题，具有人文学科的性质。所以，教育管理学的文化性问题必须加以探讨。

二、教育管理学研究对象的文化分析

（一）教育管理现象

1. 作为科学教育管理理论的研究对象—教育管理（现象）事实

"现象"与"本质"是反映事物内在联系与外在表现的一对"概念"。从康德开始，西方的哲学家们就逐步产生了一种基本认知，他们认为，每一种特殊的科学（除了数学和逻辑以外），都是以相对确定的经验范畴为其目标，而科学的目标就是要得到有关事物范畴的确切认识。

黑格尔是一位主张现象和本质的辩证关系的哲学家，他相信，我们对外界事物的所有感知都慢慢发展成了现象，但是，本质并不是一种现象，因为它是一种真实的存在。他认为，我们所感受到的真实的东西，就是"现象"。所谓"象"，就是指物体表面的各种个性的、特殊的、具体性的总和。在他看来，人在进行具体的认知时，首先是对客观的事物产生一个直观的认知，从而产生感觉和表象，然后是思想和概念。概括来说，现象是事物的外在表现形式，它是事物的外在联系，是人类感官所能感知的事物的外在特征。

研究教育现象旨在探寻教育管理的规律，掌握其实质。规则与本质，是同一层次的存在。对教育管理现象的研究，从本质上来说就是对当前所存在的一些客观事实进行研究，那么在研究的具体过程中，就应该要求研究者能够以一种客观、公正的态度来对待教育管理事实的研究，不能出现任何的歪曲和粉饰，从而实现对教育管理现象的认识。

2. 作为解释教育管理理论的研究对象—（现象）事实与价值的统一体

解释教育管理学的关注点有两方面，其一是事实，其二是价值的统一。在阐释教育管理理论的对象上，虽然仍以现实为基础，但其内容却显得更为多元化，不仅包含故事、过程、整体性，同时也对意义等进行了深入探讨。研究的目标在于对被研究者的个体经历与意义构建进行"解释性理解"，即研究者以自身的经历来诠释被研究者的人生经历与意义构建。

因此，对教育管理理论进行解释的研究对象，主要是以现象为基础，还包含了以现象为基础的价值。从知识论角度看，它注重研究对象的主观性；在这种情况下，研究的主体与客体的关系发生了转换，成了一种对话关系，教育管理现象在持续地对主体进行建构，而改变了的主体不得不再次面临现实的挑战，这样就形成了一个循环，这所有的一切都证实了教育管理理论的产生显然是非常复杂的。

对教育管理理论的诠释，应该以定性的研究为基础，定性的研究指的是通过研究对象的相互作用，对事物进行深入细致的观察，只有这样，我们才能对事物的"质"有一个较为完整的诠释。

质的研究发展过程源自民族研究，其所注重的是现场经验研究技术，不仅包含定性研究的设计的技术，还包括各种调查的方法以及抽样等。它有着自然主义探索的传统，提倡对自然环境中的"体验为特点"进行深入描述，在阐释方面显然表现出了一些新的特点，比如人文性和理解性。

（二）教育管理议题与问题

我们在考量研究对象的时候，往往习惯于将其看作是一个认识论概念。那么我们在考察其他一些教育管理理论，比如哲学和实践教育管理理论时，也应该将其看成是待认识的对象。教育管理哲学观是"主体需求"和"客体（现象）"的关系建构。实施教育管理学就是对已有的东西进行改造，使之产生期望的效果。它的研究对象显然是非常复杂的，包括了很多方面的内容。

1. 作为哲学教育管理理论的研究对象—价值与规范议题或问题

在对教育管理学的哲学范畴上进行分类时，布雷岑卡曾经提出了一个著名的论断，那就是他认为标准化的教育哲学，既是对教育目标的设定和论证，也是对教育方法的建议和论证。基于这一点，他觉得应该将标准教育哲学分为两个部分，一是教育目的规范哲学，二是教育手段（包括教育者行为方面和实物手段方面）规范哲学。

哲学教育管理理论也可以进行类似的分类，它可被分成两种类型，一种是教育管理目的规范哲学，另一种是教育管理手段的规范哲学。教育手段规范哲学与人的因素及物的因素有关，而后者则与方法论关系更为密切。如果我们要按照他的哲学教育管理理论开展工作的时候，可以获得一定的评价取向和规范取向。

在哲学教育管理理论的指导下，认知主体将对所认识的事物进行干预，并对其赋予意义，而后就会展开后续的评价或规范构建等后续工作，它所研究的对象并不是已有的客观对象，它是一种无法确定规范的对象。

在此情况下，哲学教育管理理论的研究对象与以往已经有了很大差异，已经不再是教育管理现象或事实，它是源于主体对教育管理的主观需求价值或规范，这种需求与教育管理现象（事实）这个基点是不可分割的，但是主体与（现象）事实属性之间存在着一种建构关系，它与单纯的教育管理现象本身存在差异。当这类被规制的客体进入到研究者的视线中时，也就变成了教育管理学中的一个值得深入研究的课题。

2. 实践教育管理理论—实践中的问题

实践性教学也被称为"实践性教学"。不指过去，不问现实，只问将来，不说已有的现实，只说行为的真知灼见。它的目标是为教师提供规范的知识，它的使命是为教师的教学提供指导。它的引导体现在四个方面：

第一，阐述了社会的文化背景对于教育人员的重要性；二是明确了不同阶段的教学目的；三是对学校的办学活动提出了具体的看法或指导；四是对特定伦理价值观的激发与支持，在教育活动中体现出不同的价值导向。所以，我们在进行研究的时候应该将其与以往的研究对象以及研究目的等区分开来，非科学性是实践教育学的特征之一。

所以，实践教育管理理论的研究目标，只能是从一种现象（已有的事物）开始，探索怎样才能改变将来的实践，也就是把教育管理现象作为基点，把实践中的议题或问题作为研究目标。

第二节　我国的文化传统与教育管理

一、中国的文化传统

（一）和为贵

"礼之用，和为贵"。中国人讲究阴阳调和与互补。太极图和周易阴阳就是这种文化的典型代表，与犹太基督教的善恶斗争的模式正好相反。在西方历史发展形态中，对立与抗争的确是推动进步的动因，至于中国人的阴阳调和二元论，则基本上在宇宙间排除了"邪恶"的因素，因为，在这种本体论模式中，所谓"邪恶"因素并不是必须由"善"去克服"恶"，而是阴阳失调，如果出现"动"，也倾向于"动乱"，也就是一种变态，最后必然用"和合"的方式来恢复结构的动态平衡。这种以和为贵的文化传统在各个方面均有所体现。中国传统政治文化奉行和崇尚的德政仁治。在内政和外交方面，讲究"王道"，反对"霸道"，不愿动用"武力"，比较注重"道德力"。在外交政策上，一贯注意睦邻友好，强调和平主义。在对少数民族问题的处理上，汉族人的同化力可谓最强，在世界上也属罕见。历史上的异族侵略者，不论是投降者，还是成为汉族的统治者，都基本上被汉族给同化掉了。

在商务关系领域，"和"文化被用来作为"以和为贵、以忍为上"的原则，强调企业间的合作伙伴根据其在关系网络中的地位和作用，采取差异化的行动方式，从而达到整体的和谐，并共享关系的利益。"和为贵"是指在企业间进行合作时，为减少交易费用、使企业间的关系获得最大利益的一种行为；"忍为上"是"和为贵"的一条道路，是以长远为目标的一种战略布局。①

---

① 蔡双立，王寅. 组织关系建构"和"的逻辑：关系资本整合分析视角［J］. 现代财经，2017(7).

（二）宗法制度

自原始时代以来，人们就一直以亲属为纽带，对各种社会活动进行组织。这也是为什么在最初的时候，人类社会就产生了宗族。在各个历史阶段，人在家族中的生育权和都是不一样的，所以人与人之间的职责与义务也是不一样的。在父系氏族时代，家族、阶级逐渐出现，每一个部族的酋长都拥有着很大的权力，他们往往会获得更多的祭品和战利品，而在日常生活中，酋长的血缘关系也会影响到他们的子孙后代，使得不同的人在出生之后就会因为家庭原因而具有不同的地位，由此，他们的职责和义务也会发生变化。而这些职责与义务，就是"法"的本源。

从根本上说，这是由于农耕文化所固有的对经验的重视和对祖先的崇拜所造成的。我们国家是以黄河为源头的陆上文化，它是以农耕为基础的以定居者为特征的、以人为本的社会。正因为它对土地的高度依赖，它才会被认为是稳定且注重经验积累的文明。农业社会的本质非常注重实践，这就使他们对祖先的敬仰更加强烈了。

大禹治水的时候，以家族为核心的宗法制度已经萌芽，而在夏商朝，各个家族之间以及家族内部，以习俗为基础的等级制度，也已经有了很好的发展。夏朝是在男尊女卑的宗法制度下建立起来的。因此，夏朝贵族氏族之间，还存在着一定的血缘关系。这就是根据辈分的高低以及族属的亲疏远近，来划分各个贵族的等级，从而形成了最早的宗法制度。

自从周公制建立以来，在儒学和道家的理论指导下，宗法就成了凝聚中国古代社会的纽带，而宗法就是凝聚"形"的"神"，对于我们社会的发展起到了很强的纽带作用，如果我们将宗法看作一条连绵不绝的锁链，就可以借助这条"链"将中国古代社会的政治、经济、思想、文化等方方面面，牢牢地联系在一起，并在维持中国古代社会的稳定、发展和统一中起到了至关重要的作用。它也是形成一个绝对集中体系的基石。[①]

（三）中庸思维

"中庸"在传统文化中既代表为人处世的方式，也是极高的道德境界。"中庸"是儒家理论的一个重要范畴，也是中国传统伦理规范的一个重要命题，"中"在中国传统思想中源远流长。中庸的"庸"字，最早出现在中国西

---

① 赵小政. 关于"专制主义中央集权"的发展轨迹初探［J］. 中学课程辅导（教学研究），2020（20）.

周时期的金文里，指一种器具。因为这种器具经常使用，"庸"便由此引申出了"常"和"用"的意义。"中"是区别内外、偏正、上下的界限和标准，基本含义是中正不偏，恰如其分，恰到好处，适合时宜。

中庸思想作为一种根本性的思维态度和方式，中庸要旨在持"中"，不走极端，强烈反映出人类的理性精神。中庸带有强烈的调和主义色彩，本质上是折中主义。但这种看法没有真正领会其真义。从哲学上看，折中主义是指缺乏独立创造性的观点，只是无原则机械地把各种不同的思想观点、理论拼凑在一起以实现表面和谐或一致的哲学观点。

中庸是指事物内部存在对立统一的矛盾双方，会在某种情景下因对立统一而达成的和谐平衡，反映的是客观事物的基本发展变化规律。中庸强调要把握矛盾的度，认清运用事物的基本规律，而非无原则地将不能统一在一起的矛盾加以调和，更不是让人无原则地圆滑处世。

"中"是方法论，表征的是事物存在和发展的最佳结构、最佳关系和个人行为的最佳方式，进而成为中华民族构建和调节主客体关系的最一般方法论原则。崇中正不偏，防止"过"与"不及"。对待人生既要看得穿，也不要看得太穿；中庸思维要求做人要符合伦理道德，讲究因时权变，强调矛盾事物的统一、和谐、恰到好处。

(四) 儒家文化

中国的传统文化以儒学为基础，儒学的核心是"仁"，也就是"爱人"，追求人性的最大价值的凸显。儒学的经书中对人的各项道德规范等都作出了明确规范，有"孝""信""仁""礼""智""礼""敬"等一系列的准则，并将其视为人生的基本准则，在儒学的相关推崇者来说，他们极为重视"义以为上""见利思义"。这一伦理的道德定位出发，是从家庭的伦理定位，进而延伸到全社会的伦理定位。

在中国文化里，所有的社会关系都是建立在血缘之上的，中国传统社会里所有的人际关系，都是从夫妻、父子等核心亲情中衍生而来的。由此衍生而来的社交联系则是以爱为等值。中国文化的道德观，是基于自然而又相对的父权伦理关系建立的。中国传统文化在以道德为本的基础上十分重视伦理关系。

这种以伦理为本，以礼为本的伦理价值观，至今仍然具有深远的影响力，对我们的社会生活产生着重大影响。我们在生活中注重"人情"，其是建立在"礼教"的要求之上的。中国的传统文化对"做人"的重视程度很高，尤其是对"人情"的重视更是显著。在具体的工作或生活中，我们往往把处理、周旋与使人际关系融洽放在首位，认为良好的人际关系是进行工作的先决条件。

此外，官本位文化也是我国的一个重要文化传统和民族精神，其根源于隋朝 606 年开始实行的科举考试。通过科举取士，让广大读书之人走上读书做官的道路，是我国统治者维护封建统治、发展教育、选拔人才的重要渠道。读书与做官连在一起，由此，建构起来的官文化、官崇拜的为官之道成了社会的重要价值导向，"学而优则仕"成了众多学子梦寐以求的目标，至今它仍然深深地影响着广大学生、知识分子乃至全社会。

二、中国文化与教育管理

对于中国文化传统的研究，可谓仁者见仁，智者见智。上面提到的四点特征也只是针对教育管理方面来讲的，因而，远远不能穷尽中华民族文化传统的精髓，它们对中国的教育管理（学）的影响体现在以下方面。

（一）教育行政管理

我国古代的教育行政管理体制大致可以分为三个时期。第一阶段是萌生时期。隋朝前的教育行政体制处于萌芽阶段，其特点是教育行政与普通行政混于一体，朝廷派遣太常兼顾教育，实际上处于不过问的状态，这表明教育行政在普通行政的襁褓之中，尽管东汉的太学极为发达，但太学对全国教育行政管理的功能很弱，这一时期的地方教育过多地依赖于地方教育行政首脑。第二阶段是过渡时期，自隋唐到公元 1905 年晚清学部的成立。第三阶段是专门化阶段。它以 1905 年晚清学部建立为标志。民国政府于 1912 年将学部改称为教育部，1927 年曾一度改为大学院，但很快又恢复了"教育部"的称谓。

教育行政管理不能依法治教，这与我国历史上"做官"和人治倾向不无关系。皇上如此，大臣也不例外，人治是中国历史，乃至教育行政管理上的一大顽疾。我国古代的教育行政管理以人治为基本特征，谈不上民主、开放与法治。长官意识比较浓，有作为的官员可能会任期内进行一些改革或创新，平庸或随波逐流的官员则是毫无作为甚至贪污腐化。教育行政管理依然打上了人治和集权的烙印。

（二）高等学校管理

高等教育行政管理方面集权主义盛行。新中国成立后，我国政府对社会生活实行高度集权的计划控制，国家政府权力无限膨胀，高等学校作为社会组织，成了政府机关的附属机构，类似于政府部门，被置于党和政府的直接控制之下，没有办学自主权。

改革开放以前的高等教育管理具有以下特征：公立高等学校归国家所有，

由国家集中管理、计划调控和教育运行行政干预。从 1993 年至 2001 年，中国高等教育体制改革取得了突破性进展，体制内的改革目标基本完成，高等学校的隶属关系基本理顺，"条块分割"与重复办学的结构格局已经基本改变。

中央委属部门将原来控制的一部分委属学校下放到当地省级政府，只保留少数学校的管理权，省、市级政府除接管部委下放的学校外，继续管理原有所在地的学校，教育部进行宏观调控。市场机制在促进学校提高办学效益的作用有所增加。1998 年《中华人民共和国高等教育法》的颁布正式明确了高等学校的办学自主权。但公立高等学校仍然没有摆脱国家宏观计划、干预、调控，甚至是被行政指令左右的局面。

由于受到传统计划经济制度和高度集权政治制度的影响，我国高校的内部管理制度呈现出类似行政机构式的组织形式，其组织机构的主要负责人是书记和校长。该制度实际上有"路线校长"和"业务校长"两位主要的领导者。在大部分大学中，两大领导的位置是相同的，都是位于同样的行政级别。为了实现自己的办学理念，同时也要扩展自己的影响力，两方之间往往是互不相让，这就引发了一些没有必要的权力纠纷和不必要的内部矛盾，这必然会对学校的发展产生一些不利的影响。面临在我们面前的一个重要问题是，怎样构建一套与我国市场经济发展相适应的高校内部管理制度。

高校书记、校长的任命权是集中于上级领导部门，并且会直接向上级汇报。在这样的制度下，书记、校长并不是靠着竞争的方式来选出的，所以，最适合当书记、校长的人，往往得不到上面的认可。书记、校长及其下属的校内干部的地位，与高校的管理等级有直接关系。

第三节　社会文化与学校组织文化的关系探讨

一、学校组织文化

（一）学校组织文化的含义

首先，要想对学校组织文化内涵有一个较为完整的理解，就必须了解它的一般性质。学校组织文化是为了适应社会发展的需求而培育专门人才。因此，必须使学校的组织文化与社会的主流文化保持一致。

其次，高校的社团文化是一种独特的文化。对于学校组织而言，显然其拥有一定的文化属性，它是一种将教学与科研任务融合在一起的组织，它的组织文化与一般的企业组织文化——以效益为中心显然是不同的。例如，在学校的组织结构中，形成具有鲜明个性的为人师表、厚德载物等意识形态。

最后，学校的组织文化显然是具有稳定性的。学校组织文化是一种在社会生活中长期存在的且不易被特定环境所改变的文化。学校的组织文化可以是与其所处的外在环境相匹配，从而推动其自身的发展；当然，对于一些具体的文化而言，显然也会与外部环境产生一些不相适宜的状况，这对于学校的发展显然是不利的。

（二）学校组织文化的构成要素

学校组织文化由各种不同的因素共同组成，而这些因素也有着自己的具体形态：

1. 理论形态

从理论上讲，学校的组织文化主要包括两个方面：一是学校的教育理念，二是学校的办学主旨。学校的教育理念指的是学校对教育关系的基本看法，这些都决定了学校的发展方向。如果要实现学校的办学宗旨，那么就需要将学校的理念内化到所有人的心中，这显然是学校组织文化之中的重要组成部分。

2. 实践模式

学校组织文化的实践形态，主要表现在学校所有人员的行为表现上，也会受到一些理论形态的影响。

3. 制度规范

学校组织文化的制度形式，主要指的是学校内部的各种规章制度。这些制度用来约束学校成员的行为，能够对学校正常工作的进行起到一定的辅助作用。学校的制度是一项贯穿于整个教育过程中的重要内容，任何一项教育制度都应该是为多数人服务的，所以在进行制度制定的时候应该考虑大多数人的利益。建立一个现代化的学校制度，遵循科学和人文的原则。

4. 视觉形式

直观表现学校组织文化的视觉形态是一种最直接的外部表达方式，从学校的文化标志到学校的总体设计，视觉形态是最容易被人感知到的，其在学校的形象塑造中发挥着非常重要的作用。

二、社会文化与学校组织文化的关系

组织文化在学校的发展过程中所起的作用是非常重要的，能对其成员的思维方式、行为方式产生很大的影响。并且，它对于学校人才的培养以及管理水平的提高等都是意义重大的。① 虽然学校的母体是整体的社会文化，但是两者之间并不是决定性的关系，而是相互构建的关系。

（一）社会文化不断地建构着学校组织文化

文化和自然之间显然是存在差异的，最显著的差别就是文化是人类创造出来的，而自然界的东西则是本来就存在的。学校的组织文化是不断被创造出来的，文化是一种开放性的系统。

首先，学校组织文化所蕴涵的价值与含义并不是固定不变的，而总是处在一个不断增加与减少的过程之中。持续地产生各种各样的文化特质，适合的被保留下来，不适合的被淘汰掉，加之文化传播的速度越来越快，文化的价值和意义一直都处在质与量的变化中。

其次，文化世界并非一成不变的，它处在一个不断运动变化的过程中，从而构成动态的生成态。社会文化的构建，是以"文化场""行为场"为主体，基于文化环境、情境与生活的细枝末节，从而对文化世界的价值与意义进行凝结。特别是现代信息技术的兴起，造成了从工业文化到信息文化的转变，并加速了全球化的进程。

随着经贸的发展，世界范围内的国家边界被打破，经济出现了整合的趋势，国家间的交流也得到了增强，而计算机用一个完整的信息网络将地球上的人类都笼罩了起来。在网络的连接下，人们的自由交流成了可能，世界似乎越来越开放，人与人之间的距离也越来越短。伴随着信息化进程的加速，社会文化对组织文化有了新的需求，并持续地将新的文化融入学校的组织文化中。

（二）学校组织文化不断地建构着社会文化

学校的组织文化在持续地进行着文化的创新。学校组织文化的创新对社会文化的发展起到了持续的促进作用，具体体现在：

第一，它在不断的创新和拓展中构建着社会文化，尽管在不同的学校中其所存在的组织文化是不同的，但是这些文化也是处于一个不断发展的过程中的。其次，各类型学校在教育实践中展现出了多元化的形态，对社会文化的生成和发展起到积极的推动作用，并最终被学生吸收到了文化的汪洋大海中；某些独特的管理文化，将使社会管理文化得到充实和发展。第三，作为人才培养场所的学校，在其课程学习中，必然会形成某种文化，只有创造性的人，才能对社会文化进行持续的创造性创造。"文化性"的课程就是一个"自主建构"

---

① 张柏卓然. 组织文化视域下高校人才培育路径研究 [J]. 对外经贸，2020（3）.

的过程。

20 世纪 80 年代以后，主要的国际课程改革是建立在建构主义心理的基础上的，与传统的客观主义显然是不同的，其中心思想是根据前人的现有经验，积极构建对过去所累积的体系知识的认识。

（三）学校组织文化与社会文化呈整合方向发展

在信息化时代，学校的管理需要进行创新，而在管理创新理念的呼唤下我们又需要进行组织文化的创新，只有这样，才能让教育拥有更为广阔的发展远景。

随着教育向终身化、移动化发展，创造教育逐渐打破了传统教育所带来的隔阂。社会文化对学校组织文化进行了持续创新，而学校组织文化也在对社会文化进行着更新，两者之间的相互作用朝着融合的方向加速发展。

二者之间存在着一种相互渗透的互动关系。大学的组织文化与大学的关系之间有着紧密联系，显然处于一种相互影响、不断变化的过程中，文化世界与学校组织之间的关系显然是越来越紧密的。

第四节　教育管理文化转向的成因与表征

在 20 世纪，教育管理理论得到了发展，并出现了两种对立的教育观，即科学主义和人本主义教育观。但是，在 20 世纪 70 年代之后，教育管理理论却打破了这种二元对立的局面，并且展示出了多元化的发展趋势，这其实是教育管理向文化转向的一种具体的体现。

一、教育管理文化转向的成因

（一）科学主义的教育管理

在科学主义的指引下，教育管理学的发展经历了三个时期：

一是以泰勒为首的经验型科学管理学，泰勒和其他学者都不是专门的理论家，其著作多为个人亲身经历的一些总结，那么形成的一些观点可能就带有极强的主观性，所以在进行科学研究的时候，并不能将其作为基础。西蒙自己也是这样认为的，但他并不认为泰勒和其他学者在他之前所创立的"科学管理理论"是一种"管理观"。不过，泰勒曾在伯利恒炼钢厂进行过一次著名的搬运铁片和铲子的试验，这极大地验证了其理论的正确性。不过，他对自己的管理理论所做的分析并没有达到哲学性的程度，但却比以往的实证管理要先进得多。并且其理论的拥护者也是很多的，比如斯鲍丁、博比特等人就充分汲取了理论中的精华，将其应用到了美国的教育管理之中，他们都强调了衡量和评估，并将重点放在了提升学校的经营效益上。

第二个时期是 20 世纪 20 年代所开始的，随着心理测量、统计法等科学化方法的出现，引发了"教育科学运动"，于是，一些客观方面的东西被引入理论研究中。

第三个时期为五十年代初期到七十年代初期的"教育管理学"运动。西蒙是决策学的创始人，是将逻辑实证论应用于管理学的开创者，其著作《管理行为》一书是教育管理学"理论运动"的开山之作。

在各种理论运动的推动下，教育管理学逐步展示出了其所拥有的自然科学属性，有很多学者都利用教育管理的理论，并在自己的领域作出了巨大贡献，这场理论运动用逻辑实证论的方式来探讨教育管理问题，由"应然性"向"必然性"一般转化，实现了由解释到说明的转化。研究结果是对高校教师进行教育与培养的依据，他们还成立了相关报刊来宣传这一运动的结果。直到今天，欧美各国的教育管理学依然以实证论为主要的方法学依据。

（二）人文主义的教育管理

大家都明白，任何管理活动的开展都是围绕人展开的，而管理者与被管理者之间是一种主体性的关系。从根本上说，管理就是对"人"的管理，对"人"本质特性的理解显然可以让管理者制定出更为合适的管理策略。西方的人文主义思想是从希腊时代的人文主义开始的。在现代的文艺复兴中，其得到一定程度的恢复和发展。通过对人本教育的管理思想进行研究，我们可以将其分为以下几个阶段：

1. 早期人本主义教育管理思想

我们可以从哈佛梅奥等人进行的"霍桑试验"中窥探到人本教育思想的源头，他在《工业文明中人的问题》一书中，提出了一种有别于经典管理学的"劳动者是社会性的人"的观念，并且认为企业内部有非正式的组织，一个企业的生产力在很大程度上是由一个人的工作态度和与周围人的关系所决定的。

2. 个人需要的满足和组织目标实现的统一阶段

在这一阶段，有很多研究者都对这一点进行了探讨，比如在巴纳德看来，组织是一个人的辅助体系。马斯洛的"需要层次理论"是指在企业中，人们对企业的各种需求是不同的。"X 理论"和"Y 理论"是由麦克雷戈提出的；赫兹伯格根据马斯洛、麦克雷戈等人的研究成果提出的"两因子动力理论"，即将引起个体情感不满的因素称作"保健因素"，将引起个体情感满足的因素称作"激励因素"。他给经理们的启发是：经理们有义务在达到公司目标的同时，帮助下属满足他们的需求。这些理论都力图化解组织与个体的矛盾，并被广泛应用于教育管理领域。

为解决效率与人性，人本主义教育管理理论应运而生，力图在人与组织、组织发展与个人满足、组织与环境之间取得一种平衡。人本主义理论着重于凸显组织中个人的作用，更确切地说，是将关注的重点放在了个人的需要等方面，但是没有足够重视外部文化对组织的影响，这是其缺陷所在。

（三）教育管理的文化路向

教育管理理念的影响与以往相比仍在，但是教育管理理念却呈现出多样化的趋势。在 20 世纪 70 年代之前，西方教育管理学主要的方法论是基于经验的认识论。到了 20 世纪 70 年代之后，教育管理学采用了社会学的研究方式，并对研究内容进行了扩展，对道德价值进行了探讨。在最近的 30 多年中，人们开始对教育管理科学反思，对它的看法也发生了变化，由此一些新的理论相继涌现。

20 世纪中叶以后，随着科学观念的不断深化，教育管理学科的研究也从"实证性"范式转变为"后实证性"。在后实证主义中，最普遍的一种表现就是批判现实主义哲学。他们认为，一切的观察都有可能出错，一切的理论都可以被修改，一切的可错性都是存在的。多元的、含有错误信息的资料，只会更贴近真实情况，所有的研究都是基于某种理论的基础所建立，其中暗含着某种价值取向，还存在着文化和价值观的偏向。

后实证主义的建构主义者相信，人类的感性认知是会出现偏差的，他们所构建的理论必然含有一些错误的因素，他们并不能对现实世界进行全面感知，因为人类的观测会有一些偏差。

批判理论、主观论、女性主义理论、建构主义等都是这个时期的产品，都是在理论运动后，在对理论运动的反思和批评中产生的，对实证主义抱有批评的态度，都可归入后实证主义范式。[①] 他们都是从相对的角度来看待问题，并着重于从文化的影响出发对相关问题进行分析。从一定程度上说，他们将情感

① 程晋宽. 当代西方教育管理研究新思潮论析［J］. 比较教育研究，2004（1）.

和价值伦理放在了理性的前面。

二、教育管理文化转向的表征

"以人为本"是一种新的管理模式。科学管理学者们认为，在组织管理活动中，组织中的人自身没有实施自己意志的空间。科学管理追求的是组织和管理的规律性，它已经变成了一种新的价值取向。

（一）教育管理观

教育管理理论运动显然对教育管理学的发展起到了巨大的推动作用，我们并不能否认这种变化，但是从教育管理活动的本身来说，我们并不能将其看成是一种绝对客观的活动，在对教育管理学的研究进行解读的时候，也不能仅仅沉迷于对管理实施的论述，而忽略了其自身的价值。对于教育管理活动来说，其本质上显然属于一种价值活动，是以人的活动为基础的，并且是理性与现实有机结合的一种产物。

（二）管理思想

此时的学者提出了"文化人"的假说，并出现了与之相适应的教育管理模式。在"经济人"的科学观和人文主义的人文主义观点中，"社会人"的观点只是对人的本质进行了一种片面的反应，并没有完全揭示出人的本质。对于人而言，显然其是教育事业中最有价值的资产，而创新与超越又是人的根本特征。所以，在21世纪我们进行教育的时候不仅仅要注重教学创新，还应该注重制度创新。

（三）管理目标

与一般的教育单位相比，小学和初中的主要工作是比较简单的，多是进行理论知识的阐述；高校具有三大职能：教学、科研和为社会服务，因此，高校的活动开展应该充分考虑这三方面的内容。它们的终极目的都是为了文化的继承，将学生培养成有知识的人，从而逐步实现与文化的整合。

（四）管理组织

从本质上来说，教育行政组织是人所构成的一种基本机构，但"人"却是"象征性"的生物，能够展示出一定的文化底蕴。教育管理组织不仅仅是一个实体组织，更是一种功能性组织，还具备着一种文化功能，它并不是一个个零件的组合物，而是一种由人构成的文化体系，显然，组织文化成了教育组织发展的方向。

（六）管理的民族性

在不同的国家里，教育管理的类型是不同的，显然这是一个国家的文化沉淀。我们不能照搬西方的管理方式，将其照搬到自己的管理中，而是要立足于自己的传统与现实，吸收古代的管理智慧，精炼自己的管理理念，创造中国独有的管理文化。[①] 在实际操作中，不能把西方看作"美"，以为一切西方的管理都是好的，要在实际操作中，探讨并建立一种多样化的、以人为本的、有中国特色的的教育管理方式。

（五）管理职能

传统的科学化管理重视"管"字，将人视为"经济人"，在管理的过程中，实行的往往是差别化、规范化的管理对策。在进行人际管理的过程中，遵循以人为中心的管理理念，需要对人给予关怀和尊重。

在知识经济重要性逐步凸显的当下，随着我国民主法治建设的日益完善和全社会的民主观念的日益提高，21世纪对教育平等的追求已经成为一种主流思想。教育行政功能从以前的只重视"管"转向"管"和"理"同样重视。

（七）教育管理研究方法

在当前背景下，教育管理的文化转向同样也给教育管理研究带来了新的需求。我们可以发现，目前的西方研究方式，从理论运动之前的经验研究到被实证主义研究所垄断，在20世纪60至70年代之后，逐渐朝着多元的方向发展。

---

① 彭虹斌. 教育管理学的文化路向 [M]. 北京：教育科学出版社，2009：231.

第九章　艺术教育管理学

艺术教育管理学是教育管理的一个组成部分。它不仅是一个独特的管理系统，而且作为一种相对独立的管理领域而存在，有不同于一般教育管理领域的特点。艺术教育管理学作为一门正在着手建立的新兴学科，是以艺术教商实践活动的管理为研究的主要内容。本章探索了艺术教育管理学的学科定位，讨论了艺术教育管理学的内容、特点、方法及评价等问题。

第一节　艺术教育管理学的学科定位

艺术教育管理学与其他学科一样，有自身的概念、范畴、研究对象、研究方法、学科性质和学科结构，具有独立的存在价值及学科个性。

一、艺术教育管理学概念与学科性质

（一）艺术教育管理学概念

艺术教育管理学是管理科学在艺术教育这一特定领域中的具体运用，是一门研究艺术教育管理现象、揭示艺术教育管理内在规律的新兴学科。艺术教育管理是以艺术为媒介而进行的教育管理活动，它强调落实艺术教育管理的目标。艺术教育管理学作为艺术教育管理活动的基本理论，是艺术学、教育学、管理学渗透融合的结果。

1. 艺术教育管理实践的理论概括

艺术教育管理是对艺术教育活动的整体系统或组织、团体不断进行的有意识、有计划的协调活动，其是为了达到预定目标。作为艺术教育活动管理实践的理论概括，它不是对艺术教育管理现象的零星思考，而是在对其总结归纳的基础上得出一般性规律，构成较科学完整的理论体系。艺术教育管理学来自艺

术教育管理活动的实践，反过来又用形成的理论有效指导自身的实践，完成艺术教育活动中人、财、物等因素的优化组合，实现其整体功能的放大效应。

2. 艺术学、教育学、管理学融合的产物

艺术教育管理学就其理论形态来看是艺术学、教育学、管理学综合交叉渗透的结果。从学科发展过程看是教育管理学与艺术学融合的产物。艺术教育管理学是教育管理学的一个分支，其遵循教育管理学的一般规律，但它主要研究艺术教育管理的主体、客体、媒介以及管理机制、管理方式，探讨其运行轨迹和发展趋向等问题。艺术教育管理学又是艺术学理论在教育管理领域的贯彻和运用。

艺术教育管理学是艺术学的理论和教育管理学的理论交叉结合产生新的学科理论，它既不是艺术理论的再现，也不是教育管理学的复述，应该具有新的理论形态价值和实践意义。艺术教育管理学要探索的正是不同于一般教育管理的特殊教育管理的特点和规律。

(二) 艺术教育管理学的学科性质

艺术教育管理学是教育管理学与艺术学相互融合的结果，它既涉及教育问题与艺术管理的结合，又涉及艺术学在教育管理领域中的具体应用和落实，要解决的是教育管理中的艺术人才培养、艺术继承和发展的问题。艺术教育管理学的学科性质可以这样界定：

1. 交叉性的学科

艺术教育管理学是一门艺术学与教育管理学相交叉的新兴学科。它必然要充分借助教育管理学的规律、原则、方法，注重艺术作为教育管理的手段和媒介，遵循教育管理的目标和要求，追求通过艺术人才的培养和艺术素质的提高实现教育管理的整体效应。艺术教育管理要想走向艺术化，首先要对艺术教育课程进行优化，这也是发展艺术教育的重要抓手，要分析现有课程的问题，反思传统教育的优点以及缺点。[①] 同时，艺术教育管理又必然要求充分利用和借助艺术学的理论、规律来解决教育管理活动中的艺术文化的传递问题。艺术教育管理学既是教育管理学理论在艺术学领域中的运用，也是艺术学向教育管理学领域的渗透。

2. 教育管理学的分支学科

艺术教育管理学是教育管理学的子学科，而教育管理学又是教育学的一个分支学科。因此，艺术教育管理学要体现教育管理的基本规律，也要体现教育学的基

---

① 程刚. 艺术教育的管理艺术研究 [J]. 明日风尚，2019（24）.

本原理。但是，艺术教育学是以艺术为媒介，如果离开了艺术媒介的作用，其教育管理也就失去了自身的本质特征。因此，艺术教育管理学虽然是教育管理学和艺术学的分支学科，但是它绝不是艺术学与教育管理学内容的叠加，而是两者深层融合后产生的具有崭新研究方向和领域的独立学科。

3. 中介性的学科

艺术教育管理学是在艺术教育管理活动的实践上，以艺术学和教育管理学所提供的系统理论作为基础进行研究而产生的具有新理论形态的学科。它的理论体系源于艺术学和教育管理学的交融，它具有理论性的特点。同时，它要研究艺术活动在教育管理实践中的应用，使理论受到管理实践的检验，促使艺术教育管理的理论日趋成熟。因此，艺术教育管理学是一门理论和实践结合得十分紧密的中介学科。

二、艺术教育管理学研究的对象与范围

（一）艺术教育管理学的研究对象

明确研究对象是一门学科得以确定的根据。一门学科的区分是根据这门学科对象所具有的特殊矛盾性所决定的，因此，对于某一现象领域里所特有的某一种矛盾的研究，就构成了某一门学科的研究对象。从某种意义上说，管理是一种"用人以治事"的活动。艺术教育管理是管理的一个特殊领域，也属一种"用人以治事"的活动。只不过这里的"人"的特点和"事"的性质不同而已。这里的"人"主要指的是有专长、有修养的艺术教师和正在成长中的学生。"事"是指用艺术育人之事。它是一种用人治理艺术育人之事的活动。所以我们可以认为，艺术教育管理学是研究用人治理艺术育人之事的现象和规律。

换句话说，艺术教育管理学是以研究学校艺术教育内部管理现象及其规律为主要对象，同时研究学校的内部诸因素与整体艺术教育和社会艺术教育诸管理因素的相互影响及其规律。简单来说，艺术教育管理学的研究对象是艺术教育管理活动的现象和规律。这就是这门学科对象所具有的特殊矛盾性。

（二）艺术教育管理学的研究范围

艺术教育管理学科研究的范围包括艺术教育管理基本理论、艺术教育管理的实施应用、艺术教育管理的发展概况。

1. 基本理论

艺术教育管理学的基本理论，包括艺术教育管理的内涵、性质和特点；艺术教育管理的目标、机制、原则、方法；艺术教育的行政管理、学校管理、社会管理；以及艺术教育管理的评价和统计等方面内容。艺术教育管理学的理论研究涉及许多学科，就理论形态来看主要涉及教育学、艺术学、管理学三个学科，从学科发展的过程看又涉及艺术学和教育管理学两个学科。它作为教育学、教育管理学的分支学科，当然要依靠这两个学科，离不开这两个学科的基本原理；它还研究以艺术为媒介的教育管理活动，同样也离不开艺术学的理论和实践。

2. 实施应用

实施应用主要研究艺术教育管理的实践和应用，它是根据艺术教育管理学的基本理论并利用相应的技术方法来指导各种类别的艺术教育的管理活动，管理者、被管理者、媒介等因素可以优化整合成一个协调、高效运作的系统结构。艺术教育的管理有三个类别：一是指各级教育行政部门对艺术教育的管理；二是指学校内部管理者对学校艺术教育的管理；三是指各级文化行政部门对社会艺术教育的管理。三者既有联系，又有区别。这需要对不同类别的艺术教育管理活动规律进行探讨，掌握它们的管理技术和方法。

3. 发展概况

广义的艺术教育管理学学科严格来说应该包括理论、历史、实施三个部分。然而在探讨艺术教育管理规律时，有必要对我国以及国外艺术教育管理的发展历史进行了解和研究。这样有助于我们更准确地把握艺术教育管理学这一新兴学科的研究方向，有助于推进具有中国特色的艺术教育事业蓬勃发展。

三、艺术教育管理学研究的任务

艺术教育管理学的性质决定了我们应该特别重视艺术教育管理活动的实践，不仅要从管理实践中提炼出理论知识体系，还要应用出某些原则和方法来指导艺术教育的管理活动。因此，对艺术教育管理研究应该包括理论建设和实践应用这两个任务，具体来说，艺术教育管理学研究有四个方面的任务。

(一) 描述管理现象

艺术教育管理学的一个任务是描述艺术教育管理现象。艺术教育管理现象不同于艺术现象，它的过程不是随意的，而是有目标、有规律的，通过有效控制实现有序运行的过程；艺术教育管理现象也不同于一般的教育管理的现象，它应遵循艺术规律，要把对人、财、物优化组合、协调运转并将艺术意象有机融合起来。管理不仅不能影响、限制艺术情感的表达、审美情趣的培养、艺术创作的发挥，应该通过管理及时排除干扰艺术发生、发展的各种隐患和矛盾，使艺术教育的各种功能和作用得到充分体现。

（二）揭示管理规律

现象是多层次表象的展示，规律是现象内在的本质规定性。规律往往以丰富的各种现象予以呈现，却又以隐蔽的方式深藏于现象背后。艺术教育管理学研究的任务不仅仅是提供艺术教育管理现象的描述性知识，更重要的是在于以科学的观点和方法，揭示艺术教育管理现象内在的本质和必然的联系。

（三）建立管理体系

艺术教育管理学不应该局限于对现象的描述，还要用逻辑形式构成一个既符合艺术教育管理实际，又具有指导作用并能显示艺术教育管理本质规律的理论体系。艺术教育管理学的理论建设要把艺术教育管理活动以及与之相关的环境、条件、因素等用逻辑形式概括地表述出来。这种表述应该尽可能系统深入，否则建立起接近理论建设目标的科学艺术教育管理学体系。

（四）指导管理实践

艺术教育管理学只有成为一种能够指导艺术教育管理实践并能提供普遍应用的原则和方法时，才真正具有学科价值。与艺术学的基本理论探索和教育管理的理论研究都不同，作为新兴学科，走向实践和应用应该是它的必然趋向。艺术教育管理学应该回到管理活动实践中，这样既能不断接受管理活动检验，又能指导管理活动实践，还能不断丰富、完善管理活动理论。所以，艺术教育管理不只是一种理论，更是特殊领域的管理技术，并对艺术教育管理实践起着规范、指导的作用。

第二节　艺术教育管理的内容与特点

一、艺术教育管理的内容

（一）艺术教育管理的基本内容

艺术教育与传统文化教育不同，在艺术教育发展和培养过程中，注重的是对学生天性以及兴趣爱好的培养。① 教育管理是比较复杂的行为，其中包括许多要素和内容。艺术教育管理也有自己的特殊要求，从不同的角度考察，艺术教育管理有不同的内容。

如果从宏观管理和微观管理的角度考察艺术教育，那么艺术教育行政管理更多地指国家宏观管理的方面，学校艺术教育的微观管理则侧重于学校内部的艺术教学管理。社会艺术教育管理属文化艺术管理的一部分，社会艺术教育管理是宏观和微观相结合的管理。教育行政管理和学校管理，既有区别，也有联系，两者不是绝对孤立的。离开了学校的教育管理，教育行政管理就会变得空洞无物，而且失去了存在的意义；离开了教育行政管理，学校的教育管理便失去了强有力的指导和监督。

一般来说，艺术教育的管理内容应包括艺术教育管理的目标、原则、方法、机制等方面内容。如果把行政管理和学校管理分开看，它们各自的内容皆有不同的体现。艺术教育的行政管理内容包括制度、体制、计划、经费、督导等方面。学校艺术教育的管理内容则包括教学管理、教师管理、艺术院校领导者自身的管理等。如果从艺术教育管理体系的具体动态管理过程来观察，实现管理的具体目标离不开预测、决策、计划、组织、评价这五个基本的程序性内容。①预测。艺术教育预测是管理过程的第一步，是艺术教育决策的前提基础，是进行有效管理的重要工具和手段。它是指在对艺术教育现状进行分析的基础上，发现并掌握规律，根据现有情况寻找提高教学质量、学生质量和教育投资效益多元分析的最佳方案，并以此作为制定艺术教育发展的依据。②决策。它指为达到一定的艺术教育目的，在预测的基础上对艺术教育目标、行动方案、教育改革进行选择。决策是艺术教育管理科学化的关键。科学的决策关系到艺术教育的发展和前途，决策在艺术教育管理过程中处于一个十分重要的地位。③计划。计划是根据艺术教育决策对未来发展的具体设想和规划，是艺术教育决策和实施的中介环节，是艺术教育决策的具体化和系统化。它一般围绕决策意图和预期目的，选择工作的步骤、内容、方法、指标和程序，从而使教育系统的各部门、层次相互支撑、相互协调，为艺术教育活动的顺利进行提供保证。④组织。它包括艺术教育层次的划分、结构的组成、学制的规定、机构的隶属等许多方面，其目的是优化人、财、物的组合并使其发挥更大的作用，让决策和计划得以顺利实施。它是艺术教育管理活动的核心，是艺术教育管理过程中必不可少的保障环节。⑤评价。任何管理活动如果要正常运行，必须不断总结经验，分析教训。也就是对已做过的管理工作进行质量评价，以便

---

① 彭东亚. 高校艺术类学生个性特点与教育管理对策探析 [J]. 教育现代化, 2019 (41).

在以后管理工作中继续发扬优点，纠正错误。艺术教育质量的科学评价要考虑许多重要因素，它是艺术教育管理过程中的反馈环节。这五个程序性管理内容是通过艺术教育具体的动态管理过程来表述的，在的管理运用中，还需要我们根据具体实际情况作灵活的设定。

（二）艺术教育管理的运行机制

运行机制是艺术教育管理机制的核心。艺术教育的各个机构能否正常运行，关键在于其运行机制建立得是否完善。所以，运行机制建立完善与否、运行是否高效是取得学校艺术教育效能的关键。艺术教育运行机制主要是由自主机制、决策机制、调节机制和反馈机制组合而成。

1. 自主机制

自主机制即办学自主机制，要把学校的所有权和办学权分离。学校的上级行政代表国家对艺术教育的设备、财产、人员编制拥有所有权，学校作为相对独立的办学实体的法人单位，应有最大限度的办学自主权。这方面具体分解为三个方面：①教育教学权。学校可以自主确立艺术教育的办学目标、工作计划和开展教育改革以及教育科研，有招生自主权，能根据实际需要选择教材、调整教学内容和进度。②人事调配权。学校能根据需要设置、增减机构，在定编的范围内有权调进、调出教职工，有权进行中层及以下管理岗位的职务设置和任免事项，有权调配教师的工作任务。③财产管理权。学校可以自主统筹安排使用预算内、外经费，自行确定奖金、实物等分配方案，合理确定各项收费标准，全权使用、合理处置校舍及其他设备，根据需要利用各种渠道筹集资金，进行修缮等基建工作。

2. 决策机制

决策机制是学校艺术教育管理运行的重要内容，因为学校决策机制的结构和组合是学校管理目标选择的根本条件，应从三个方面建立决策机制：①要强化校长的最高决策权。要求校长要有良好的工作作风，深入教学第一线，全面掌握艺术的教育、教学状况，同时校长要加强自身各方面的修养，努力提高决策素质。②要努力改善决策机构，建立完善的决策系统。从学校艺术教育组织的特点来看，专业学校艺术教育的决策机构可考虑由校行政办公会议代理，普通学校艺术教育应由校长（或副校长）、教务主任、艺术教研组长组成的艺术教育领导小组来作为核心决策机构。③必须切实加强民主管理。民主管理是校长决策科学化的有效保证。要创造条件，让教职工参政议政。

3. 调节机制

艺术人才的培养一定要适应社会发展的需求。学校艺术教育的生存和发展也要以社会大环境的变化作为依托，要建立灵活的自我调节机制，才能保持艺术教育工作进程的动态平衡和优化。首先，管理者应当有战略思想和全局观点，从而保证管理活动既能朝着教育目标方向迈进，又能适应形势发展的需求。其次，管理者在艺术教育管理活动中应保持灵敏的反应能力，要因势利导，注意采取灵活的应变措施。要注意采用调查、研究、访问、校正、转变、控制等方式，保持与外界社会的联系，客观条件一旦发生变化，在集体智慧的基础上，果断调整，实现新的平衡。

4. 反馈机制

在知识经济时代，信息的获取、交流、反馈是现代文明社会一个不可缺少的组成部分。信息反馈机制在艺术教育管理运行机制中起着支撑作用，在宏观上，它能保证学校艺术教育与外界社会的长期沟通；从微观上，它能使艺术教育与学校内部各部门、各类人员、各项工作、各个环节保持长期紧密联系，有利于创建艺术教育的优良环境。学校艺术教育信息反馈机制建立的关键在于拥有良好的工作方式。

二、艺术教育管理的特点

艺术教育管理工作就是在现有教学目标下，综合全院师资力量、教学资源，在艺术教学的规律的指导下，基于当前学生的特点和现有水平，培养学生形象思维能力、创意能力，注重学生情感教育及个性发展，不断提高艺术教学质量，并产生较好的社会效益和教学效益。[1] 具体而言，当前我国院校的艺术教育管理特点在于：

（一）受制性

艺术教育管理的受制性主要表现在：从总体上看它始终受整个教育管理系统的控制和推动，因为艺术教育自身就是教育系统的一个子系统。所以，艺术教育的管理，无论是宏观的还是微观的管理都与教育系统的管理紧密联系在一起。从国家行政管理的角度看，艺术教育始终受到整个教育体制、方针、政策的制约和影响；从学校管理方面看，它直接受到学校教育管理环境的推动和制约。

从某种意义说，管理是对管理对象活动发展方向的一种监督。回顾历史，我们可以看到社会形态对教育发展方向的管理往往决定于这个时期艺术教育的发展方向，从而也决定了这种社会形态的艺术教育管理。管理是为了控制管理对象。艺术教育管理受到教育管理制动作用的一个根本原因是教育系统、艺术

---

① 黄睿. 我国高等院校艺术教育管理特点、问题及对策［J］. 重庆行政，2016（4）.

教育系统及其管理系统都离不开社会生活大系统的控制和推动。

（二）依托性

从宏观管理角度看，艺术教育管理受到教育系统管理的制动作用，具有受制性特点。同时，艺术教育管理还受到社会文化状况的制约和影响，对社会文化具有依托性的特点。我们知道，管理的过程实际上也是不断协调的过程。艺术教育管理的依托性是指艺术教育的协调活动，不管采取什么形式，不论处于哪种社会形态，都始终受到社会文化发展程度、管理模式的控制。社会文化状况及管理模式为艺术教育的协调活动提供了现实的可靠性，是艺术教育协调活动有效运行的前提。

（三）调节性

艺术教育管理的受制性和依托性特点是从其外部所受到的作用和影响的角度来总结的。如果从内部管理的运行方式进行分析，它又有调节性和引导性的特点。艺术教育管理的调节性表现在两个方面：第一，艺术教育内部的协调方式不能单纯用理性的方法来解决矛盾，要采取感性与理性相结合的方式进行；第二，同其他德育、智育相比，艺术教育管理的调节具有特殊性和复杂性的特点。这些特点都是由艺术教育的形象性、审美性和情感性的特殊性质所引发决定的。

艺术教育作为一种独立完整的系统性活动，调节是保证其正常运行的重要手段。① 艺术教育自身各因素之间的差异和矛盾协调以及各因素的合理适当调节是艺术教育管理有效运行的内在机制。作为艺术教育的管理者，要主动做好艺术教育运行过程中的调节工作。

（四）引导性

一般教育都离不开教师，教师会按教学目的、规律对学生进行引导，这是教育的一般性要求。艺术教育由于教育媒介的意象形式，十分需要自由的空间和环境。教师和学生只有在愉悦的状态中，经过积极的创造性实践活动，才能全面实现艺术教育目的，这是艺术教育特殊性质的体现。所以，艺术教育需要施教者的积极引导，艺术教育管理也需要管理者的正确引导，引导性就成了艺术教育管理的又一个特点。

---

① 李金福. 艺术教育管理学［M］. 昆明：云南大学出版社，2004：53.

第三节　艺术教育管理的方法

一、艺术教育管理的行政方法

（一）行政方法的简述

最原始的管理方法就是行政管理。行政管理也是最基本的管理方法，它是社会各部门都广泛使用的管理方法之一。行政方法是直接依靠行政组织的权威，运用强制性的行政手段，按照行政系统以权威和服从为前提，从上到下直接指挥进行管理的方法。它实行严格的等级制，它能在非常时期或某些部门发挥巨大的作用，被领导广泛采用。与其他管理方法相比较行政方法具有权威性、强制性、快速性等特点。

（二）行政领导的方式

艺术教育行政领导的方式主要有三种：

（1）强制执行方式。这里的强制执行不等于强迫命令，而是"必须执行"的意思。这种强制执行必须以行政组织正式授予的权力为依据，并在拥有的权限与职责范围内对被管理者实行。强制执行方式绝不能超过权限范围，否则将变成滥用职权。为了保证行政指令的贯彻执行，必须以严格的纪律作为保障。

（2）启发说服方式。这是一种极为重要的方式，也是艺术教育管理者必须掌握的基本功。通过这种领导方式，能使管理活动起到两种作用：第一，通过启发说服，让被管理者理解、接受管理者的意图，从而自觉地适应管理需求。第二，通过启发说服，让管理者理解被管理者的需求和对工作的想法，以便适当地调整管理目标与进程，使管理活动得以顺利完成。

（3）言传身教方式。身教重于言教，艺术教育管理者的言行举止对艺术教育中的师生，无一不是起到示范作用的。因为身教具有实际感染的效应，尤其是领导的身教是以自己模范行动，让师生学有样板，赶有方向，是一种无形的命令，这样的吸引力和感召力是巨大的。所以，管理者的言传身教方式是行政管理方法的一种十分重要的领导方式。

二、艺术教育管理的思想教育方法

(一) 思想教育方法的要求

不同的人有不同的物质、文化环境、也有不同的社会经历，每个人具体的思想状况及活动规律千差万别。因此，思想教育必须面对新情况，研究新问题，采取新措施，这其中包括三个方面的基本要求：

1. 内容要有科学性

科学依靠的是真理和知识的力量。艺术教育管理中的思想教育必须依靠科学的内容来支撑。内容的科学性包含两层意思：一是要求管理者紧密联系艺术教师思想和工作的实际，实事求是地分析矛盾，解决问题。二是要求管理者加强自身的理论知识修养，不仅要掌握艺术教育管理的基本理论，还要懂得马克思主义哲学、社会学、伦理学、心理学等基本知识。管理者只有具备广泛的科学知识，才能增强思想教育的效果。

2. 形式要讲群众性

思想教育必须废止那些空洞的说教，采用群众喜闻乐见的形式，运用讨论式、商议式、启发式等民主方法，把教职工吸引到思想教育中来，这样才能使思想教育活动成为自己教育自己，自己解放自己，最终达到自我认识的活动，使教职工成为思想解放运动的主人。

3. 方法要讲艺术性

要清楚地认识到思想教育工作要讲求艺术性。人的正确思想只能从实践中得来。但是正确思想教育形式的出现绝不是一朝一夕之功。思想教育工作是一项长期的、艰巨的、复杂的工作，需要的是耐心细致；要注意谈话的质量，允许教职工思想有反复现象。

(二) 进行思想教育的方法

思想教育工作有多种方式方法，一般常用灌输法、激励法及批评法三种：

1. 灌输法

灌输法是思想教育的基本方法，主要形式有：报告、讲座、谈话、讨论学习等。灌输不是生硬的填塞灌注，要改变少数人向多数人单向灌输的旧模式，建立以民主、平等为基础的双向交流新模式。

2. 激励法

激励法是通过对某种思想行为的肯定，使这些思想和行为得到强化和推广的方法。激励制度的构建能够为艺术教育管理特色优化对策实施提供保障，所以在这种情况下开展的教育指导工作，应该从激励制度构建实施方案设计着手，做好激励制度在艺术教育管理中的应用和引导方式。①

3. 批评法

学校思想教育工作应坚持以正确教育和表扬为主，在管理活动中往往需要辅之于批评，甚至适当的惩罚方法和手段。批评法有助于员工提高明辨是非的能力，既教育本人，又教育大家。

三、艺术教育管理的心理方法

（一）心理方法的特点

依靠一种力量实现对人的心理改造，这是行为科学心理方法的共同特点。为了实现对人的心理改造，利用外来力量作为动力是思想教育方法；而运用内在力量作为动力则是艺术教育管理的心理方法。这是两者的一个区别。除此之外，在实现对其心理改造的表现方式上两者也有较大差别。思想教育方法靠外来力量作用于人的心理，它的表现方式是强调实现对自然的改造。而心理管理的方法是从需要产生内动力，从而形成一种控制行为的心理，它的表现方式强调的是对自然的顺应。

（二）心理方法的运用

1. 了解心理方法的激励手段

艺术教育管理者要了解心理方法的核心手段是激励，即通过各种方法实现人们对于某一需求的满足。一般来说，对人的激励手段有两类。一类是外在激励，另一类是内在激励。外在激励又称低层激励，其重要的一个因素是要为人们提供必需的生活条件，如工资水平、人际关系、福利待遇、工作环境、安全保障等。内在激励，又称高层次的激励，它指的是通过成就感、自我期望、责任感、工作中的欢乐、愉快、本人工作得到领导和同事的理解、尊重和肯定等因素来激励教职工的积极进取。内在激励是人们劳动和工作的真正精神源泉，是心理管理方法中最为重要的有效的一种手段。

2. 学会"外在激励"的入手方法

外在激励虽然属低层次的激励，但是它却与被管理者的生活和生存需求是紧密联系的，如工资、住房、家庭安置、子女上学、工作环境等，是每个人工作和生活所面临且必须思考的问题。对这些生活中的基本问题，管理者要给予

---

① 郭妮飞. 现代社会高校艺术教育管理特色研究与优化对策［J］. 大众文艺，2021（9）.

关心，要从需要入手，尽量给予教职工较好的安排，否则会影响艺术教师对事业全身心投入的精力，甚至会产生不满情绪，严重干扰管理活动的正常进行。所以，对管理者来说应重视把生活和工作条件作为外在鼓励因素，并且应该长期坚持这一激励手段。

3. 重点采用"内在激励"的方法

外在激励的效力是短暂的，内在激励才是长久的，只有内在激励才能真正促使人奋发向上。艺术教育工作者一般都有强烈的事业心、责任感和成就意识，他们渴望得到理解，受到尊重和重用，尤其在他们做出成绩时更希望得到领导的肯定。但是，长期以来由于人们对艺术教育认识的偏颇和片面追求升学率的影响，领导不重视艺术教育的现象和事例屡见不鲜。如果艺术教育管理者能够尊重和鼓励艺术教育工作者，那么艺术教育工作者即便是生活和工作条件异常艰苦，也会将一腔热血洒献给崇高的艺术教育事业，这就是内在精神激励的力量。

四、艺术教育管理的经济方法

(一) 经济方法的原则

1. 按劳分配原则

按劳分配原则是社会主义物质利益的原则。艺术教育管理必须把集体与个人的物质利益和其工作成果直接挂钩，这样才能充分调动教职工的积极性、创造性。

2. 讲求实效原则

艺术教育管理活动中劳动成效的衡量标准和分配标准的计量方法及其相关参数的确定，既要看学校经济实力，又要看部门所产生的影响和结果。要看部门能否在现有的人力、物力、财力条件下，发挥最大效能，较好地完成工作任务。对工作效率高，任务完成好的部门，要在经济实力能承受的前提下，给予分配上的倾斜。

3. 兼顾公平的原则

在实行分配时，学校尽管有独立的经济利益，但是必须严格执行党和国家的经济方针和有关政策。同时，还要正确处理国家、集体、个人三者之间的利益关系。分配之间的较大差距只能随着整体效益的提高逐渐形成。开始时，分配的差距不宜太大。要全面兼顾，既要体现"效益优先"，又要"兼顾公平"，这也是社会主义分配原则的真正体现。

4. 奖惩结合的原则

经济方法运用好坏的关键性措施是赏罚分明，否则经济方法便失去意义。赏罚分明的决定因素又是奖惩对象与奖惩标准的准确性。为此，应该注意要论功行赏，奖惩分明。受奖者，确有功绩；受罚者，要确有过错。这样才能使员工心悦诚服。

（三）经济方法的运用

1. 教师管理的运用

教师既是艺术教育管理的对象，又是艺术教育管理的主体。在教师管理中运用经济方法是为了通过合理的分配，体现社会主义的物质利益原则，充分调动教师的积极性和创造性。

我国现行教师工资制度实行的是按照国家统一制定的工资等级制度。目前，教师的工资体制已经作了一定改革，例如根据按劳分配的原则，实行教师工资和责任、职务挂钩；推行聘任制、评聘分开等，一定程度上取得了积极的效果。奖金是对超额劳动和有突出贡献的人的报酬。艺术教育管理运用奖金为了奖励超额劳动，鼓励先进，充分调动教师的积极性。经济方法在教师管理中的运用，除了包括利用工资、奖金奖励外，还有采用罚款的经济手段。对那些因玩忽职守而对艺术教育造成的严重教学事故，可以实行经济制裁，但必须严格区分工作失职与人力所不能及的偶然因素等不同情况。

2. 学生管理的运用

经济方法也有利于学生管理，除交费上学（不含义务教育）、有偿培养外，有以下几种经济手段：

（1）奖学金。把助学金改为奖学金，形成以奖励为主的制度。也可以把"奖助结合"，改为"奖贷结合"，把助学金改为贷学金。对全面发展的优秀学生给予较高的奖学金，以鼓励学生努力学习。

（2）补考收费，重修交费。补考仍不及格的科目，属于重修科目。让补考、重修的学生承担适当的经济责任，同时也给他们增加一点压力，以便使其珍惜学习时间努力学习。还可以减轻国家负担。

（3）留级赔偿，退学归偿。学生因不努力而留级，增加了国家负担，个人要进行经济赔偿，除义务教育阶段外，非正常退学的学生，必须归偿培养费，以稳定教学秩序。

第四节　艺术教育管理的评价

一、艺术教育管理评价的作用

（一）导向作用

通过艺术教育管理评价所建构的评价指标体系，能使管理工作具体化、规范化、程序化。这样能把艺术教育的总体目标、科室部门目标以及管理者和师生个人目标有机连接成一个目标锁链。这个目标锁链起着"施工监图"的作用，能一步步引导管理者推动各项工作的进作，实现管理目的。

（二）聚合作用

艺术教育管理评价是从管理角度来开展的一个评价活动，它的结果是对管理集体的工作价值的一种判定。每一次的评价活动都是对管理集体的管理智慧、管理水平、集体凝聚状态的实际检测，形成一种竞争环境，给予管理集体一种竞争的压力，使管理集体成员产生强烈的向心力，有利于增进管理集体成员之间的团结。

（三）激励作用

通过评价标准能给艺术教育管理建立新的目标和任务。新的目标明确，任务明确，能使领导班子成员及管理者、师生产生进取心和克服困难的勇气，对目标的实现和任务的完成具有较大的激励作用。

二、影响艺术教育管理评价的因素

认真分析影响艺术教育管理评价的因素，能有助于管理者对管理评价的科学判定。影响艺术教育管理评价的因素是多方面的，一般可以分为人力资源、管理机制、管理工作、物力资源四个方面。

（一）人力资源

1. 管理集体

管理集体是影响艺术教育管理的首要因素。实践证明，一个各方面条件较差的单位或部门，经过领导班子的调整，很快就会有起色，能在管理思想、工作作风、发展思路等方面有较大改变，甚至成为先进集体，这就是管理集体的突出作用。因此，评价一个单位的管理工作，必先评价领导班子的班长及一班人的工作实效。

2. 专业队伍

高质量的专业队伍是提高艺术教育管理的关键。高质量的艺术专业队伍评价标准应该是结构合理、素质优良、数量足够、积极性高的专业队伍。结构合理指专业人员年龄结构、知识结构、能力结构合理；素质优良主要指对专业人员的业务培训、培养的重视和效果显著；数量足够是指能满足岗位设置需求，在学校主要指教师与学生人数的合理比例；积极性高是指采取的管理措施能有效地调动专业人员的积极性。

（二）管理机制

1. 管理目标

目标是单位发展的蓝图，也是评估单位、部门管理效益的依据。明确可行的目标可以引导、激励员工出色完成任务。

2. 组织机构

为实现管理目标，需要建立健全合理的组织机构，不同的组织机构组成了单位的管理系统。只要这些健全的组织机构能正常运转，就能充分发挥管理系统的组织功能，才能形成协调的组织氛围和开放的组织结构。

3. 制度建设

制度建设包括组织制度和规章制度的建设。组织制度是对单位、部门各层次管理机构职责、权力方面的一种定位。规章制度是为了实现整体目标，要求员工共同遵守的行为准则，是单位确定的必须按一定程序办事的规程，这是管理单位、部门的基础和保证。

4. 运行机制

任何管理活动都受一定运行机制的制约，管理机制运转的外在表现为整个工作系统的正常运转，是由计划、实施、检查、总结四个环节组成的程序，它表现为一个有序的过程，它们各自独立，相互联系，围绕预定目标运转。激活管理运行机制，能有利于提高管理效益。

（三） 物质资源

艺术教育的办学条件主要指财力和物力。办学条件是艺术教育的必备条件，它的好坏在一定程度上制约着管理质量的高低。因此，结合学校的办学条件进行评价是艺术教育管理评价不可或缺的内容。

三、学校艺术教育管理评价的方法

通过长时间的教育实践和发展，院校的评价体系已经逐渐建立并完善，但是在实际使用时还是出现了一些需要解决的问题，包括学校艺术教育管理的评价机制。[①] 因此要客观地对艺术教育管理进行评价，就必须掌握艺术教育管理评价的方法，因为评价方法是完成评价任务的手段。

（一） 观察法

观察法是经过观察者深入现场观察，对艺术教育、教学、管理活动进行评价的一种方法。虽然运用这种方法进行评价，有时会不够全面，但是通过观察，能比较直观地了解管理工作的情况，它仍是一种简便易行的好方法。评价的观察法有两种：一种是选择观察，即对选定的项目进行观察。例如利用艺术实践时间，观察学生的艺术活动等；另一种是自然观察，即在日常管理工作正常开展的前提下，对学校工作进行全面观察。无论选择哪种观察法，评价艺术教学管理时都要防止偶然性和片面性两种错误倾向。

（二） 调查法

调查法指评价者通过社会调查、家庭访问、师生谈话或书面评议形式对艺术教育管理进行评价的一种方法。它一般通过实际的调查或问卷调查方式深入了解艺术教育活动、教学活动和管理活动的具体情况，获取大量实例和有效数据，然后对实例和数据分析，做出终结性评价或形成性评价的意见。这种评价方法的优点是能摆脱封闭式的评价，对艺术教育的评价更客观。但是也会因调查的资料不具体全面而出现错误评价，有时也会受社会倾向影响。因此使用调查法进行评价时尤其要注意。

（三） 测评法

测评法是用数理统计和分析方法对艺术教育管理进行客观衡量给予数量和

---

① 李娜. 高校艺术教育管理特色研究与优化对策探讨 ［J］. 艺术科技，2017 （9）.

质量的判定的一种方法。它一般是依据原定的艺术教育目标对影响艺术教育管理目标实现的各种因素进行定量或定性分析，然后综合提出各项指标的定量结果，最后得出评价的分析和等级。这种法既可以用于自我评价，也可以用于他人评价，是一种把定性与定量紧密结合并能进行综合评价的一种方法。

第十章　教育管理的信息化与规范化探索

信息时代的来临为科学技术的发展提供了广袤平台，特别是推动了信息数据等资源材料的传播与共享，这又推动着教育管理走向信息化的规范化。这是在信息时代发展背景下，社会对教育管理发展所提出的新要求，本章将简要概括教育管理信息化和规范化的基本知识。

第一节　教育管理的信息化

一、核心概念界定

（一）信息化的含义

"信息化"这一概念起源于 20 世纪 60 年代的日本，最早是由日本学者梅棹忠夫提出来的。1963 年，梅棹忠夫在《论信息产业》一书中指出：信息化是指通信现代化、计算机化和行为合理化的总称。之后，由于有关信息化的翻译流传到西方，这一概念才被广泛使用。我国学术界对于"信息化"的定义随着时代的进步不断改变，目前，我国关于信息化的最新定义出自《2006——2020 年国家信息化发展战略》，它将信息化定义为：充分利用信息技术，开发利用信息资源，促进信息交流和知识共享，提高经济增长质量，推动经济社会发展转型的历史进程。① 基于上面关于"信息化"在不同时代的理解，可以看出这些理解的相似之处就是都认为信息化是基于这一时代最先进的现代化技术所产生，以促进各领域的进步和升级。

---

① 刘亮. 大数据背景下职业院校学生管理工作信息化重构 [J]. 智库时代，2019（43）.

（二）教育管理信息化的含义

教育管理信息化就是在现代教育管理思想的指导下，在教育管理中普遍运用现代信息技术，如计算机、网络通信及多媒体等，对各级各类教育事务进行管理，从而达到提高教学质量、提升教育治理水平的目的，以促进教育管理现代化。教育管理信息化是管理信息化思想在教育领域的衍生，不仅是指各类信息技术与教育的融合应用，更是现代化的、科学化的管理思想在教育领域的深度渗透。

（三）教育管理信息系统

在当前的网络信息化时代，教育管理信息系统是以电子数据处理和数据库技术为基础而构建起来的。

1. 教育管理信息系统的宏观构成

（1）人才信息库

根据一些相关调研信息建立起基本的信息数据库，这可以为教育规划以及决策的进行提供重要的理论依据。如果我们需要对某些信息进行查询，只需要轻松一点就可以便捷地找到自己所需要的内容。

（2）教育资源库

这种资源库所涵盖的教育内容是非常丰富的，不仅包括各种教学设施，同时还涵盖各种图书资源以及视频资源等。

（3）教育规划模型

以人才信息库为基础，我们可以构建出教育规划的模型，采用该种模型可以对毕业生和在校生人数进行测算，这对于学校确定自己的发展规模以及发展方向等显然是非常有利的。

（4）教育决策支持系统

对于信息系统中的一些其他的信息，比如教育规划模型或者是人才信息库等，我们也应该及时利用起来，从而为各种决策提供依据。

（5）教育行政事务管理系统

在国家教育管理信息系统与各地区教育管理信息系统的互相联动下，我们可以构建动态的教育管理信息系统。通过对各种数据进行调节可以实现信息资源的共享。

2. 教育管理系统的微观构成

从微观的角度来看，教育管理信息系统是学校信息管理的基础，其涵盖的内容是非常多样的，我们可以构建出与之对应的数据库和计算机局部网络，并且实现信息资源的共享。

二、完善教育管理信息系统的对策

(一) 构建"互联网+教育"大平台

在构建教育管理信息系统构建时，我们应该将线上线下结合起来，积极发挥教育管理信息系统的作用，从而助力教育活动更好开展。教育部门、学校可利用信息资源，实现教育信息共享的目的。教育管理信息系统的功能是非常多样的，不仅能够辅助大家查找到多元化的信息资源，同时还能助力学校的管理。此外，还应该"互联网+教育"平台系统，这个平台可以为大家提供与教育资源共享有关的知识学习服务，从而利于人们的学习交流。

"互联网+教育"平台的构建显然是大势所趋，在互联网的支持下，全国教育信息资源都可以实现共享互联。当前可供人们使用的网络以及平台等是非常多的，这也为为处于不同时期的人们提供了学习平台，同时人们还可以在网上查找到相关的报考信息等，人们还可以借助网络平台实现顺利交流。

在国家和社会的持续投入下构建起移动软件平台，还有国家图书数据库以及一些其他的教学资源等，其中所涵盖的内容是非常丰富的，包括名著、电子期刊、学科理论知识、专业技能等各方面的知识，人们在查询与使用的时候也是非常方便的。利用完善的教育资源共享数据库保障机制，我们还应该对相关的资源进行及时更新，提升资源的丰富性，并为使用者提供更好的使用体验。

在进行"互联网+教育"平台的建设时，应对其他的系统或者是平台等进行集成，使得所有的资源都能得到整合利用，从而达到高效使用的目的。[①] 应该保障公共学习平台的正常运行，因为它不但可以让终身学习的理念成为现实，可以为想要学习的人提供平台。与此同时，数据库中还存储了数量庞大的知识资源，其中包括了人类在很长一段时间内积累的理论知识与数据，这对于传播和传承人类的文化起到了非常重要的作用。

(二) 推广移动教育管理信息系统的开发应用

要想使学校教育跨越发展，走上快速发展的快车道，就必须搭上信息技术的快车。国内外有很多优秀、先进的教育资源，我们在进行教育管理信息系统开发时，就应该利用起来这些内容，享受到先进学校的发展成果，着力提高高校的办学水平。

---

① 胡立厚. 教育管理学探索与教学实践 [M]. 长春：吉林人民出版社，2020：49.

在移动教育管理信息系统中的应用和推广中，教育管理信息系统的优势得到了明显体现。这显然会极大推动移动教育的进一步发展，在信息系统的推动下，各学校都可以根据自己的实际情况进行移动学习软件或者是管理软件的开发。显然，在移动技术的加持下，人们的生活与以往相比更为方便，随处可见的移动支付让我们出门购物都不需要带钱包；商务人员在进行洽谈的时候也无须长途跋涉，有时候一个简单的视频会议就能签订合同。信息技术与教育环节的融合便得人们的学习更为便捷，信息技术正在以更强劲的动力在教育领域发挥作用。

目前，教育管理信息系统的发展已经比较完善，所有的信息系统都已经被囊括了进去，并且相关的信息系统体系也得以逐步建立，但是在当前的情况也有一些问题需要处理，比如信息平台的开发并不完善。[①]

在各教育部门的推动下，移动信息平台的开发已经日益普遍，这些先进的系统不仅可以逐步提高人们的办公效率，同时也让管理变得更为容易。在相关移动平台上，人们可以实现信息的查询以及录入，这使得教育的服务变得更为便捷。

（三）增加资金投入并高效利用资金

在提高资金投入的同时，要加强资金的使用与规划，这样才能提高资金的使用效率。每一个系统要想得到顺利运行，都需要进行维护，教育管理信息系统也不例外，那么这就牵扯到维护费用的问题，为了让这一系统能够顺利运行下去，显然需要耗费巨大的资金。如果有必要，还需要雇佣一些懂维护的人，这也是一笔很大的开销。国家应该结合实际情况，增加对教育管理信息系统的建设的投入，只有这样才可以减轻使用者的负担，让这一系统的作用能够在更多领域展示出来，让更多人都能感悟到科技的魅力。

（四）完善教育管理信息系统的管理制度建设

目前，全国各地教育机构都在着力进行网络信息系统体系的建设，这对于很多部门来说都是一个不小的挑战。为了迎接信息时代的挑战，就应该积极进行管理制度的建设，显然这是解决问题的一个重要的途径。在对相关的管理保障体系进行建设的时候，我们也应该投入更多的热情，毕竟这对于后续教育管理信息系统的顺利运行是非常有必要的。此时应该逐步提高用户的使用体验，逐步扩大影响力，让更多的民众能够因此而获益。

---

① 黄琦. 移动互联网应用网络管理软件应用及研究 [J]. 电大理工, 2018 (4).

（五）加强教育管理信息系统的队伍建设和管理

在信息化快速发展的今天，"人才"的重要性已经获得了越来越多人的认可，并且成了最宝贵的资源，"人才"的争夺也越来越激烈。在教育信息化进程中，大量信息技术和管理方面的人才是必须的。

要推进我国的教育信息化的进程，实现教育现代化的目标，就应该让当前的教育管理系统得以逐步完善，同时还应该对人才队伍建设格外上心，使这两个方面互相促进以获得更好的效果。教育管理信息系统的发展和建设，显然需要更加优秀的队伍。在社会企业的实际工作中，我们应该积极进行人才管理，推动队伍建设与管理。

三、教育管理信息化的提升路径

在教育的过程中，信息化教育是非常重要的一个内容，加强对学生信息化教育的管理，可以进一步提高学生的信息素养，让其更适应社会。我们应该重视对教育模式的改革，进一步提高管理手段的现代化，提高教育的效率。

（一）加快信息化基础性建设，营造良好的信息化环境

要想实现教育信息化，首先要有坚实的基础。为加速高校信息技术教学的发展，必须从多个方面发掘潜能，在教学中开展信息技术教学的软硬件建设。要树立新的理念，确立学校的信息化理念；经费投入要在保障够用的基础上争取政府多拨入一点，也可以获取社会力量的支持，如果有必要就应该购买一些硬件进行安装。在此基础上，要加强高校图书馆的信息化建设，使其充分发挥功能。

（二）提高教师信息素养，造就高素质的教师队伍

要让教师从根本上转变传统的教学方式，就应该让他们多接触信息技术，从而能够开辟一条新的现代化教学道路，对于教师来说，应该着力进行自己专业素养的提升，并积极学习各种信息技能，只有这样才能充分发挥出自己的作用，并实现自我发展和自我超越的目的。

1. 优化课堂教学

首先，教师应充分利用现代化的教学手段，使课堂教学达到最优。对于学校而言，要提高师资的信息科技素质，就要让全体师资都参与信息科技的全过程训练，在具体的实施过程中，可以采用"三学两用一制作"的方式。

"三学"：第一，在教师没有课的情况下，应该将教师召集起来对他们进

行培训；二是学校可以抓住教师集体备课的机会，以教研小组的形式对教师开展培训；三是以个人的课余训练为主要内容。

同时，为了激发教师的参与积极性，还可以建立相应的激励机制，对于那些表现良好的教师，我们应该对其进行激励，从而进一步提高他们的学习热情，也可以激发其他教师向优秀看齐。采用"三学两用一制作"等一系列方法，进一步提高教师运用信息技术的能力，显然这有利于改变传统的课堂，让传统的课堂结构能得到优化。

2. 改革课堂教学模式

将信息科技融入课程中，进行课程的教学方式的变革。在新一轮课改的背景下，信息技术的重要性得到了更多人的推崇。要将各个学科的教学与信息技术相结合，需要教师在基于多媒体和网络的信息化教学环境中，将课程目标贯彻落实下去。在具体的教学过程中，不仅要让教师进行信息技术的演示，同时还应该让学生逐步学会使用简单的信息加工工具，这样也方便课程的重构与制作。

(三) 运用现代教育技术，促进学生可持续发展

21 世纪与以往显然是不同的，高科技、网络化、可持续发展成了时代的热词，知识的增量是巨大的，各种数据也是层出不穷的，新闻令我们目不暇接，与以往相比，人类已经进入了一个竞争更为激烈的社会，我们所面临的变革是如此迅速，有时会令人措手不及。我们怎样才能让学生适应瞬息万变的信息？最基本的一点，就是利用现代教育技术培养学生的信息素质，使其能高效地与他人进行沟通，从而实现社会发展的目标。

1. 促进学生学会学习

首先，要加强对学生信息素养的教育，让他们懂得如何去学。目前，高校中现代教育技术的广泛应用，使教学的重点由单纯的教授知识转向了由学生自己探索知识。学生的学习已经不仅仅是指在教师指导下的课堂学习，还包括了学习者要学会掌握最适合自己的学习方法，并可以利用自主探究的方法展开有效学习。网上教学为学生创造了一个广阔的学习空间。在教师的引导下，学生能够以自己的需求为依据，在同一时空中主动提取信息。能够在网络上进行自由沟通，主动寻求解决问题的方法，进而提升自己的信息素养。

2. 促进学生个性发展

互联网突破了时间、空间的限制，使大学生能够在任何时间、任何地点，通过互联网获得知识，以达到他们的目的。学校为学生创造了一个独立的社会活动和展示自我平台。在网上教学中，可以充分张扬学生的个人特色。

（四）加强学校资源库建设，开发网络资源

目前，学校网络已经基本完成，但是作为学校网络的核心部分，学校资源库的建设却是比较落后的。我们应该集中各方力量，加速对网上教育资源的开发速度，构建一个包含各种资源在内的信息中心，为学生学习提供更为丰富的内容。

（五）加强网络德育教育，培养学生鉴别信息真伪的能力

网络上存在许多消极的新闻，有的大学生没有很好的辨别能力抵抗这些消极的新闻，很容易被这些消极的新闻所腐蚀。学校要筑牢"防火墙"，注重将互联网和道德教育有机结合，让道德教育早日在网络中占据主导地位。

四、建设数字化校园的实践

（一）数字化校园概念

目前，数字校园正处于高速发展的阶段，但关于数字校园的概念，国内外尚无统一的完整定义。通常来讲，数字化校园指的是以互联网为依托，运用先进的信息化手段和工具，实现完全数字化。

在传统校园的基础上，我们可以建立数字空间，在此种背景下，校园的时间和空间维度显然与过去不可同日而语。人们对数字化校园的理解被划分为两种，狭义和广义角度。

从狭义上讲，"一卡通"显然是学校信息服务系统的一种直观的外在表现，同时也是指学校内部的一种管理系统。狭义的环境强调数字化过程的实现，但是却忽略了从外部进行的统一管理，也没有对管理进行一定整合，显然，这处于比较低的阶段。

广义的数字化校园，指的是运用各种信息技术对学校内所有的信息资源展开的全方位数字化研究。由此，我们就可以逐步实现提高教学质量、发挥高校社会职能、体现高校自身价值的作用。

（二）基本建设思路

数字校园的设计思路如下：

（1）从信息化的角度出发，强化信息化的体系结构。构建高校管理模式、用户模式、权信息模式及数据规范。

（2）构建一体化的体系结构，加强一体化的构建。通过将不同要素进行

分类，使业务和技术的发展相互独立，从而达到更好的效果。

（3）对数据进行整合，建立综合数据环境，强化对数据的管理。

（4）在此基础上，应该进行应用体系的构建，以提升数字校园的效能。对学院的各项业务工作进行充分分析，可以让用户对自身的需求有清晰的认识，从而构建更为和谐的操作环境。

（三）建设目标

在具体的工作过程中，我们应该构建完整统一、安全可靠的数字化校园，将信息孤岛彻底消除，让不同的部门之间能够保障流通的顺畅，实现平缓的过渡，为管理工作的开展提供服务。与此同时，应该提高员工的工作效率，进一步凸显出核心竞争力。

（1）提高校园网的安全性、稳定性，从而让网络服务的质量得到进一步提升。

（2）建立统一管理平台，使所有的硬件资源都能共享。

（3）制定高校的统一信息规范，防止"条块分割"等问题，让各种资源得到合理分配。

（4）在校园中，还应该实现所有服务的网络化与数字化，进一步提高办学效益与水平。

（5）提升企业管理活动的质量。

（6）保障信息和服务的可靠性。

（7）通过校内网络，做自己需要做的事情。

（8）对学院的各种消费、迎新、考勤、电控、巡逻等工作进行数字化管理。

第二节　教育管理的规范化

一、相关概念的界定

（一）规范化

所谓的规范化是在管理实践过程中，通过制定、发布和实施标准来实现统一，从而实现校园的秩序和社会效益最优。在进行规范化的测试时，可以检验是否具有规范化的标准，从而实现参照。

（二）管理与管理规范化

关于管理并没有一个确切的说法。结合各方面的研究，对管理的定义是在一定的环境和条件下，对组织、群体或个人所拥有的资源，采取有效的计划和控制，从而达到设定的组织目标。

管理规范化可以被看作是制度化管理或标准化管理，也就是在管理中拥有一个明确的目标，在整个管理过程中，可以采用科学、高效的工作方法，并用具体的标准来检验管理工作目标的实现情况。

（三）教学管理与教学管理规范化

教学管理，从字面意义上讲，我们可以将其看作是对"教""学"进行管理。同时，我们还可以将其从狭义与广义的角度出发进行探讨。对于广义上的教学来说，可以将其进行向上延伸，从国家级或者是市级的角度出发对其进行管控。从狭义的角度来说，指的是各学校可以根据自身的发展情况，对各种机构做进一步管理，从而让预先制定的教学目标得以顺利实现。

对于教学管理而言，其显然是学校行政管理的一部分，对于教学管理人员而言，其展开教学管理的内容是非常丰富的，作为教学管理的主体，他们应该发挥出自身在管理中的重要作用。对于其客体来说，往往指的是在学校就读的学生和任课教师，这两个方面的互动就形成了教学活动。所以，教学管理不仅仅是为客体提供管理服务以支持教学活动的有序运行，同时还能助力教学目标的形成，让培养出来的人才也具有较高的素质。

以教学管理为依据，我们可以明确教学管理规范化的具体要求，并且将其与具体的工作内容相结合，以此来指导教学工作。对于学校的教学目标而言，其应该达成人才培养的目标，在进行各种质量检验标准的制定时，应该将其分为两大部分，其一是校内，其二是校外。对于校内的检验而言，就应该凸显出人才培养的目标，并且接受上级部门的指导，在对学校的办学定位进行评估的时候，接受校外相关部门的评估，将用人需求与专业背景进行结合。

二、国内外研究动态

（一）国外教学管理规范化的研究

由于不同的国家有不同的国情和政策，那么对于每个国家而言，其教育管理的方法和政策都是不一样的。英国的学校，往往是在董事会的带领下，由一

位分管教育的副校长、系主任、科员、教员组成。法国学校往往推行的是
"一长制"，这种制度指的是以校长为主体，联合社会上的各界人士所组成的
各种组织，共同参加教育和管理过程。美国是以校董会为主要的决策机关，当
然其他机构也可以参与到管理过程中，比如社区教育委员会、家长委员、教师
工会等都可以发挥出自己的作用。在日本，学校的教育行政工作是由主管教育
的副院长来完成的，而教谕（相当于我国学校里的教育主任）则是负责对学
生进行教育、辅导等。

在经济发展和教育全球化的情况下，教学管理的理念也发生了一些重要改
变。在一些发达国家，比如美国、英国、德国等，教师行政管理具有高度的正
规化，具体体现为以下几方面：

①教师行政组织的专业化。拥有相关的管理或教育等专业背景的管理者所
占比重是很大的。

②管理者的工作效能的提高。为增强员工的素质，提升员工的工作技能，
学校会为员工提供相应的技能训练。在国外，信息化技术发展得比较早，因此
信息化也被应用到了教学管理中，信息化的教学管理平台也逐步完善起来。因
此，以信息化手段为基础的教学管理系统，也让教学管理工作效率得到了很大
提升。

③管理者具有较强的服务观念。在工资、职称晋升等方面，学校为管理人
员的工作保障非常充足，可以让他们能够全身心地投入工作中。

（二）国内教学管理规范化的研究

在我国的学校，教学管理工作的开展既展示出了普通管理的特点，同时也
有一些自己的特点。

在管理结构中，副校长的职责是比较大的，其主要起到了统筹学校工作发
展的作用，不管是教学管理工作的监督还是安排，都是由副校长主推完成的，
其所涵盖的管理内容也是非常多样的。在有些学者看来，教学计划和教学运行
管理是至关重要的，它不仅关系到高校教育的教学质量，同时也会对教学运行
秩序产生很大的影响。可以通过强化对相关人员的专业训练来提升他们的专业
技能，从而构建科学规范的工作流程。[①]

还有的学者深入研究了规范化建设的重要作用，他们认为要想进一步提高
学校两级教学的管理水平，就应该充分发挥出规范化建设的作用。很显然，一

---

① 徐林，沈峰满，胡忠武，黄晶. 本科教学计划和教学运行管理规范化研究与实践 [J]. 大学教
育，2014（18）.

套规范的教学管理程序是推动教学进步的关键。

还有一些学者认为，要对高校的教学管理标准化和科学化进行加强，从而推动管理效率和管理水平持续提升，保证教学质量和人才培养质量。从目前的情况下来看，教育管理标准化和科学化的特点是非常鲜明的，那么我们就可以从这一角度出发，提出实施教学管理标准化和科学化的主要对策。

也有人认为，所谓的教学管理标准化就是指教学管理人员在调动各方力量的情况下，制订切实可行的制度和方法，并按照这些制度进行操作，从而达到以"法"治教的目的，最终完成管理目标。

三、教学管理规范化的理论依据

（一）新公共管理理论

新公共管理是 20 世纪 70 年代，随着西方国家经济衰退，传统的官僚主义治理模式逐渐失去作用之后顺应形势而产生的一种新理论。在当时的情形下，政府治理结构的变革显然已经成了一项亟待解决的问题，由此产生了新的公共管理实践。它的理论基础不同于传统的公共理论，并展示出了自己的一些新特点。

研究新公共管理理论的学者也是非常多的，在英国，胡德提出了新公共管理的特点与内涵，并将其大致归纳成了几个组成部分，即"专业化管理""注重结果""引入竞争""节制"与"纪律"等。在美国学者奥斯本看来，政府应该成为"掌舵者"而不是"划桨者"，在具体的工作中，应该多进行授权，而不仅仅是提供服务。在此基础上，一些新的观点得以形成，并且逐步细分为"权力转移""绩效控制""竞争"等方面的内容。

所以，在西方国家，他们的研究方向及重点都集中在了强调政府管理职能上，政府管理职能的实现主要是为政策的决策服务，而不是为了服务于执行，他们将管理转变为需求导向的服务，以此来提升企业的自主管理水平和能力。在具体的管理过程中，可以在其中引入现代管理的理念，并进一步提高管理的效能，将竞争的方式引入其中可以利于良好服务质量的提供。与此同时，还必须重视个人与组织的目标之间的相互配合，构建完整、高效的考核机制。

当前，许多学者在对新公共行政理论进行了深入探讨，也在这个过程中结合自己的实际情况，对新公共行政理论的发展提出了自己的看法。吴晓芳认为，新公共管理学以效益与成果为核心，注重管理的方式与方法，主张充分凸显需求的作用，从而为目标管理的实现奠定良好的基础。在做好组织的内部管理的时候，还应该运用战略管理的方式，对当前的结构进行控制，并对发展规划提出看法。在进行总体分析的时候，应该把组织放在外部环境中来进行深入探讨，由此就可以发现组织管理中的问题，并且确定各种影响因素，由此，就可以使公共组织机构能够更好地与外界相协调，在稳定的管理中取得长足的发展。①

王洁玉认为，新公共管理理论是存在一些不足之处的：①在行政效能上有所提升，但是在管理工作人员方面作用有所削弱，制约作用不强；②缺乏公共属性，影响了民族地区的正常、有序发展；③过于分散，会造成高层建筑出现空架子，影响总体工作效率。在中国的应用应该更加重视民主，保证每个人都能够有参加的机会，建立合理的体制机制，发挥各方面的力量从而进一步提高管理体系的管理水平，并对其进行强化指导，逐步优化政府的职能，让政府的转型发展逐步成为可能。② 新的公共行政理论以"市场化"为重点，强调科学的管理，以适应时代的变化，从而使其相对于传统的公共行政理论，能确保取得更好的效果。

目前，国内对于教育行政体制的研究还没有一个切入点，尤其是将新公共行政理念作为研究的研究更是少之又少。尽管在市场经济的发展程度和人才培养管理体制上，中国与西方国家之间都有一些不同之处，但是，就当前的教学管理改革而言，它们之间还是有一些相同之处的，那就是都是建立以经济发展市场产业需要为导向的教学模式。

通过对西方各国所推崇的新公共管理理论的科学分析，并与教学管理的实践相结合，能够极大地促进教学管理的完善，拓宽教学管理的思路，弥补教学管理中存在的缺陷，提升管理成效。与此同时，新公共管理是一种新型的管理模式，我们在对其进行使用的时候应该对当前情况进行了解，并参加新奇、有利的观点和思想，这将会弥补新公共管理在教学管理标准化研究中的缺陷。

（二）泰勒科学管理理论

美国传统管理学家弗雷德里克·温斯洛·泰勒（Financial Mathematics Taylor）在《科学管理原理》一书中指出，管理是一门以条框与规则为基础的科学。泰勒对科学化管理主要有两个重要贡献：第一，使管理朝着科学化方向发展；第二，工人和资方在思想上进行了一场变革。泰勒相信，科学管理的基本目标是追求最大的劳动生产率，而要实现最大的工作效率，最主要的途径就是以科学化和标准化的管理方式来取代传统的管理方式。

---

① 吴晓芳. 浅析当前新公共管理理论方法论［J］. 中国管理信息化，2016（16）.
② 王洁玉. 有关新公共管理的若干思考［J］. 太原师范学院学报（社会科学版），2018（1）.

管理标准化是一种科学化的管理方式，其对于管理效率的提高、最终目标的达成显然有着重要的作用。泰勒在实践上有过几次正面的尝试：在一次搬运生铁的测试中，泰勒发现一个能胜任搬运工作的人，一天能搬运 47.5 吨的铁片；通过对铲具的实验，他发现当一把铲子每铲起 21 英镑物体的时候，它的工作效率是最高的；在进行了 26 年的金属切削实验之后，他总结出了对切割速度有影响的 12 个变量，并给出了能够反映这些变量之间相互关系的数学公式等，为制定工作标准化、工具标准化和操作标准化提供了科学依据。可以看出，按照标准可以对管理过程进行优化，找到最优的解决对策，并让工作效率能够得到提高。

三、教学管理规范化的实施路径

（一）正负激励相结合，落实规范标准的执行

推行学校教育管理工作的规范化进程，既要明晰规范，又要树立起对规范的重视。教学管理对象和管理人员在具体的工作过程中都要自觉地遵循规范标准，从思想上将规范标准作为开展工作的前提，然后才能将规范标准外化于行动。

我们应该明确具体教学管理过程中各个方面的职责，当出现不规范的情况时，要明确责任人，同时还要用激励的方式来规范员工各个方面的行为。如果出现了情绪不高涨的情况，就应该采取一些措施来鼓励、保持员工各个方面工作的开展，这样才能更好达到规范教学管理的目的。

在新的公共行政思想里，我们主张实施"质量"与"目标"的管理，以"成果"与"产出"作为重要的评价标准，不再只注重"输入""输出"。在教学管理过程中，有些教师对规范标准往往没有引起足够重视，其中一个很大原因在于他们对管理结果并不看重。所有问题的出现都是有缘由的，主要是因为在出现了不规范结果之后，没有采取对应的措施，从而凸显出后果的严重性。

以课程安排为例，存在着"学时失衡"的问题，管理只是不断地强调，却没有任何的责任追究过程。在教学管理方面，不注重规范的问题也是非常明显的，这也可以将其归因于没有人将每一个环节的职责落实放在心上。在制定课表的时候，要明确地指出各系负责人（系主任）的职责，根据培养目标，对教学计划进行全面检查，并对课程先后顺序进行安排。接下来就是教师按照系里对整个课程的安排来确定课程和时间。最终，有关的教学管理者应该根据课表的安排，将各个部门检查确认后的课程按计划的先后次序进行安排。这三

个步骤，都是紧密相连的，每一个步骤，都是不可或缺的。

激励始终是一种在管理过程中所倡导的正向性方式，根据规范标准开展教学工作和教学管理工作，其最终目标是要进一步提升教学质量，保证人才培养的质量，而这种规范标准的实施对教学发展产生了正向性影响，所以，不能忽略严格按照规范标准进行工作的正向性结果。

积极和消极激励是两种相辅相成的激励方式，它们从不同方面加强了人们的行为。积极的激励对于个体工作信心的激发显然是非常有用的，通过树立典型，可以让人们的进步有方向可以遵循。而消极的激励往往带有一定的惩罚性，能够对人们起到警示，其作用在于压制和抑制人们的不良动机。

对教师和管理人员而言，如果他们严格遵守标准开展规范化的工作，那么原则上就应该采取积极激励的措施，比如在绩效考核或学年考核上给予与之相对应的奖励，这种奖励既可以是物质的，也可以是精神的。各种积极激励方式都可以极大提升规范标准执行的积极性，从而真正让教师和管理人员完成自己的工作。而与之相反的，如果他们的工作出现了纰漏，也会受到惩罚，因为负面奖励，比积极奖励更会让人知道不遵守结果的代价。

在具体的教学管理过程中，既要让教学管理人员依照标准开展教学管理，也要让任课教师对照标准开展教学活动。在教学管理中，对相应事务的管理可以利用正负激励相结合的方式进行。由于教学文件属于大学教学审核评估的一部分，在文件管理中对不规范的管理结果可以采取正、负激励的方式，因此，教学文件的存档以一个学期为周期，每个学年的结果也应该保留，并将其列入期末考核中。

（二）注重管理效率和质量，加强教学管理队伍建设

科学管理对管理人员提出了更高要求，他们要有扎实的业务技能、规范的业务素养，同时还应该具有一定的管理能力，能够进一步提高管理效率、保证教学管理的质量。为了更好地达成管理的目标，需要让教学管理人员意识到管理规范的重要性，通过各种手段与措施，逐步提高管理人员的业务素养，从而让管理队伍的管理效率得到提高。教师是教学工作的主要负责人，要增强教师的责任感，充分调动教师的积极性，促进教师工作质量的提高。新公共行政学说中提及将竞争机制引进到公共行政领域，也就是让更多体制介入以改善工作的效率和品质。教师工作职责的缺失，一方面是由于教师工作中存在着为多一事不如少一事的理念，另一方面也与教师工作业绩评价的难度有关。可以把新公共管理理论中的竞争机制扩展到建立与之对应的教学管理人员绩效评估机制中来，通过多方面的评估得到最后的评估结果。

在教学管理过程中，管理人员是否具有较强的责任感，以及他们是否具有积极的从业精神，这些都是影响教学工作效率的重要原因。但是，"重教学、轻管理"的理念已经根深蒂固，使得管理工作人员对自己的工作缺乏归属感。所以，从学校到学院都应该强化意识形态建设，让人们树立起管理规范化可以促进工作效率提高的理念，使教学管理工作在学校的所有工作中不会被边缘化。

此外，在明确岗位定位的基础上，各二级学院要构建与之相适应的科学绩效考核机制，使教学管理人员明确该工作的重要性，明确自己在教学管理工作中的业务水平，并对自己的工作质量有大致了解。只有每一个人都能认识到教学管理标准化所具有的重要意义，才能使具体工作的开展更为得心应手，提高自身的荣誉感。责任意识也是自我意识的一种，由外部带来的竞争性也可以激发管理人员的责任意识，让教学管理人员直面自身发展，对自己提出更高的要求。

通过这种方式，使教师认识到，工作不仅仅要完成"量"，还要达到"质"，并将其与岗位晋升、薪酬高低紧密联系起来。通过竞争，使教师的工作质量、工作效率等都可以得到提升，将管理与岗位晋升、薪酬水平等联系起来，可以逐步提高教师的责任感，激发出他们内在的责任意识。学校要提高教师素质，提高教师的专业水平，提高教师的服务水平，建设高素质的教师和管理团队。在具体的工作中，应该注意以下几点：

（1）加强对新入职教师的专业训练，并在此基础上，加强对新入职教师的引导，让新入职教师能够快速适应工作环境，熟悉工作程序，以免出现教学与管理上的混乱。

（2）强化不同学校之间教师的沟通，这种沟通不仅可以增进学校间的沟通，也可以进行相互学习，从而达到最优的教学管理效果。

（3）提倡教师的专业化训练，现在许多院校都有专门的教学管理方面训练，重点是改进教学管理的方法，提高技能，并向其他院校学习，从而提升自己的工作能力。

（三）坚持目标导向原则，完善教学制度建设

在新公共管理理论中，政府的社会责任是非常明确的，那就是按照客户的要求来为客户提供服务，政府的服务基于客户或市场，只有客户驱动的政府，才能更好地满足客户的各种需要，提升政府的服务水平。由此，新的公共管理理论对传统的政府和社会的关系进行变革，即把政府从一个高高在上的封闭的官僚机关转变为一个有责任感的创业者，把市民当作它的"顾客"。

　　因此，教学管理制度是规范教学运行过程，并且进一步提高人才的质量，促进教学发展的有效途径。在制定教学管理制度的时候需要遵循一些特定的原则，要把可行性、合理性、促进改善性作为基本要求。在制订各种策略之后，需要做到严格落实，要保证它的有效性，不能为建立制度而建立，也不能走形式主义的路线。把目标管理与任课教师的职业发展联系起来，不仅要有规范的要求和足够的灵活性，还要尊重教师的个体化工作方法。

　　建立一套完善的课程教学质量评估体系是必须的，其构建目的旨在促进学校整体教育质量的提升，推动教师的专业发展。改进体系应该从促进教师的教学发展入手，把考核中所有教师的评价内容都考虑进去，让他们自己进行横向对比，采用这种评价方式显然可以更好地反映教师的发展与进步。此外，还可以取消"复评"，让有经验的教师来指导和协助那些成绩不理想、发展速度较慢的教师，这也是一种激励，让他们在学习中不断地超越自己，也可加强学校内教师教学经验的交流，为教师在教学进步道路中提供人文性关怀。

　　在建立课程助理管理制度时，要坚持"需要"与"使用"两个原则，以"需要"为指导，以"使用"为核心，强化"工作"的中心责任。在课程助教管理系统中，学校、学院应该明确教师的助教课程申请过程中的各个阶段，并且对其进行严格的控制和审核，而对推动学生选聘工作的落实，决定权显然应该掌握在主讲教师的手中。

　　与此同时，对报考辅导员岗位的学员的辅导员训练仍应该继续，但训练成果不能成为"一刀切"选拔辅导员岗位的标准。当将助教学生的选聘决策权交给授课教师的时候，还应该对授课教师对助教学生在助教工作过程中的考核要求进行明确。最终，在对助教学生工作的考核过程中，由学院层面综合各种评价因素来展开对学生工作的考核。

　　（四）明确责权统一的匹配，加强管理成员的参与

　　实现执行权力的中心下放，赋予教学管理工作相应的权力和责任，从而在管理上推动各个学校发挥自己的专业特点，发挥自己的优势，促进学校的教学发展。

　　院一级的教育行政机关应当在宏观上坚持教育行政工作的职能，把握好教育行政工作的总体发展方向，同时将教育行政工作的权力下放到二级学院各个部门，并积极推动教育行政的实施和参与，提高教育行政工作的积极性。"宏观管理"是院系教学管理的重要功能，院系应该从人才培养计划、教学运行和教学质量监控等方面入手进行科学管理。

　　由于教学督导工作的实施力度不强，学校应该突出教学督导工作的重要

性，明确教学督导人员的重要地位，加强院级教学督导队伍的建设。首先，要从学校的角度出发，制订完整的督学制度，对督学的责任与权力进行细化，并制订与之相适应的督学评估体系，使教学督导人员不但要明确自己的工作内容，还要对自己的工作效率和质量进行评估，从而提高自己的工作执行力；其次，要注重督导员的工作，既要"督"，又要"导"，通过"督"，找到教育发展中的问题，通过"导"，强化督导员对教师的实际指导，增强督导员的工作能力。

与此同时，院级督导队伍人员可以选择那些具有丰富的教学经验、资历较高的教师，这样既可以对院级督导队伍的人员结构进行优化，又可以充分地发挥督导在教学中的指导改善功能。

参考文献

[1] 蔡双立，王寅. 组织关系建构"和"的逻辑：关系资本整合分析视角 [J]. 现代财经，2017 (7).

[2] 曾嘉，黄荣晓，黄英女. 教育经济与管理 [M]. 北京：光明日报出版社，2016.

[3] 车仁美，李万忠，江兴林，郭学柱. 职业教育工作手册 [M]. 北京：中国人事出版社，2000.

[4] 陈屈亮. 高等教育管理人性假设的本质及特征 [J]. 教育教学论坛，2016 (24).

[5] 陈向明. 质的研究方法与社会科学研究 [M]. 北京：教育科学出版社，2000.

[6] 陈孝彬. 教育管理学 [M]. 北京：北京师范大学出版社，2008.

[7] 陈学军. 教育管理学研究什么：观点论争与问题转换 [J]. 现代教育管理，2009 (11).

[8] 成晓霞，陈红梅，杨琳. 教育行政学 [M]. 长春：吉林大学出版社，2014.

[9] 程刚. 艺术教育的管理艺术研究 [J]. 明日风尚，2019 (24).

[10] 程晋宽. 当代西方教育管理研究新思潮论析 [J]. 比较教育研究，2004 (1).

[11] 杜复平. 新课程课堂教学案例开发策略 [M]. 郑州：大象出版社，2017.

[12] 方圆. 新编学校内部管理制度范本大全 最新版本 [M]. 北京：北京工业大学出版社，2010.

[13] 付兴国. 现代高等职业教育论 [M]. 北京：中国轻工业出版社，2014.

[14] 傅树京. 教育管理学导论 [M]. 北京：原子能出版社，2007.

[15] 高英华，孔祥顺，段琳. 校园文化与学校管理 [M]. 延吉：延边大学出版社，2019.

[16] 郭妮飞. 现代社会高校艺术教育管理特色研究与优化对策 [J]. 大众文

艺，2021（9）.

[17] 侯占军. 标准化管理书系校长小百科 2［M］. 呼和浩特：远方出版社，2007.

[18] 胡立厚. 教育管理学探索与教学实践［M］. 长春：吉林人民出版社，2020.

[19] 黄琦. 移动互联网应用网络管理软件应用及研究［J］. 电大理工，2018（4）.

[20] 黄睿. 我国高等院校艺术教育管理特点、问题及对策［J］. 重庆行政，2016（4）.

[21] 黄胜. 教育学新编［M］. 成都：西南交通大学出版社，2015.

[22] 景国勋. 安全学原理［M］. 北京：国防工业出版社，2014.

[23] 李金福. 艺术教育管理学［M］. 昆明：云南大学出版社，2004.

[24] 李娜. 高校艺术教育管理特色研究与优化对策探讨［J］. 艺术科技，2017（9）.

[25] 李培凤，王生钰. 高等教育管理原则探析［J］. 高等理科教育，2006（5）.

[26] 李汪洋，秦元芳，等. 教育管理学［M］. 海口：南海出版公司，2004.

[27] 梁文玲. 我国企业战略管理实践中的六大误区［J］. 企业经济，2002（6）.

[28] 廖军和，方家峰. 小学教育基础［M］. 芜湖：安徽师范大学出版社，2016.

[29] 林金枫，赵琳. 文教事业管理［M］. 哈尔滨：哈尔滨工程大学出版社，2016.

[30] 刘乐乐. 民办高等教育管理特征及发展趋势研究［J］. 内蒙古科技与经济，2022（7）.

[31] 刘亮. 大数据背景下职业院校学生管理工作信息化重构［J］. 智库时代，2019（43）.

[32] 罗泽意，颜佳华. 资源分配公平视角下的教育管理［M］. 湘潭：湘潭大学出版社，2014.

[33] 彭东亚. 高校艺术类学生个性特点与教育管理对策探析［J］. 教育现代化，2019（41）.

[34] 彭虹斌. 教育管理学的文化路向［M］. 北京：教育科学出版社，2009.

[35] 钱波，唐瑛，何绍芬. 21世纪我国教育管理的发展趋势［J］. 云南师范大学学报（哲学社会科学版），2002（5）.

［36］宋静. 中国高等教育管理学的发展与完善［J］. 环球市场信息导报，2016（5）.

［37］孙锦涛. 教育管理原理［M］. 广州：广东高等教育出版社，2005.

［38］孙绵涛. 教育管理学［M］. 北京：人民教育出版社，2006.

［39］孙绵涛. 教育管理原理［M］. 沈阳：辽宁大学出版社，2007.

［40］唐高华. 战略管理视域下现代职业教育体系的战略规划与战略执行［J］. 教育与职业，2016（17）.

［41］王辉珠. 现代职业教育学概论［M］. 西安：西北大学出版社，2015.

［42］王洁玉. 有关新公共管理的若干思考［J］. 太原师范学院学报（社会科学版），2018（1）.

［43］王欣欣. 管理学原理［M］. 北京：北京交通大学出版社，2018.

［44］吴红婷. 科学与效能：对高等教育管理原则的再思考［J］. 当代教育论坛（校长教育研究），2008（12）.

［45］吴晓芳. 浅析当前新公共管理理论方法论［J］. 中国管理信息化，2016（16）.

［46］徐林，沈峰满，胡忠武，黄晶. 本科教学计划和教学运行管理规范化研究与实践［J］. 大学教育，2014（18）.

［47］薛天祥. 高等教育管理学［M］. 桂林：广西师范大学出版社，2001.

［48］杨颖秀. 教育管理学［M］. 长春：东北师范大学出版社，2002.

［49］尹丽春，柳若愚，陈丽芬. 现代教育管理论［M］. 长春：吉林大学出版社，2013.

［50］于海. 教育管理学［M］. 呼和浩特：远方出版社，2005.

［51］臧广州. 最新职业技校管理规章制度全集 上［M］. 合肥：安徽文化音像出版社，2004.

［52］张柏卓然. 组织文化视域下高校人才培育路径研究［J］. 对外经贸，2020（3）.

［53］张德祥，等. 辽宁省志 教育志［M］. 沈阳：辽宁大学出版社，2001.

［54］张东娇. 学校公共关系管理［M］. 北京：北京师范大学出版集团，2012.

［55］张文辉.《普通高等学校辅导员队伍建设规定》贯彻实施与辅导员职能、培训、聘任及考核测评手册 上［M］. 北京：中国高等教育出版社，2006.

［56］张新平. 教育管理学导论［M］. 上海：上海教育出版社，2006.

［57］张映红. 公共关系管理［M］. 北京：首都经济贸易大学出版社，2002.

［58］张占成. 现代教育的科学管理问题研究［M］. 西安：西北工业大学出版

社，2020.

[59] 赵海侠，郭婧萱. 教育管理学 [M]. 成都：电子科技大学出版社，2017.

[60] 赵敏. 学校管理学 [M]. 广州：广东高等教育出版社，2017.

[61] 赵小政. 关于"专制主义中央集权"的发展轨迹初探 [J]. 中学课程辅导（教学研究），2020（20）.

[62] 钟雪风. 教师必备法律知识 [M]. 呼和浩特：远方出版社，2006.

[63] 周强，汪滨琳. 教育管理学教程 [M]. 哈尔滨：哈尔滨工程大学出版社，2003.